WILDE VÖLKER AN RHEIN UND NECKAR
Franken im frühen Mittelalter

Ursula Koch

WILDE VÖLKER
AN RHEIN UND NECKAR

Franken im frühen Mittelalter

Herausgegeben von Alfried Wieczorek,
Hermann Wiegand und Michael Tellenbach

Publikationen der Reiss-Engelhorn-Museen Band 65

SCHNELL + STEINER

IMPRESSUM AUSSTELLUNG
Wilde Völker an Rhein und Neckar – Franken im frühen Mittelalter

Gesamtleitung: Alfried Wieczorek

Projektleitung: Michael Tellenbach

Wissenschaftliche Leitung: Ursula Koch

Wissenschaftlicher Beirat: Alfried Wieczorek, Claudia Braun, Klaus Wirth

Ausstellungskonzeption: Ursula Koch

Gestaltungskonzept: Ursula Koch

Ausstellungstexte und -graphiken: Ursula Koch

Lektorat Ausstellungstexte: Mathilde Grünewald

Übersetzungen in englische Sprache: Jörn Schuster

Ausstellungsbauten, -gestaltung und -graphik: Ausstellungsgestalter André Böhme, Schreinermeister Klaus Neskudla

Hausbauten: Roland Faitsch, Rolf Groß, Giuseppe Presentato, Stefan King, Tobias Maier, Jörn Manzke, Joachim Müller, Karl-Josef Weber

Inszenierungen und Malerei: Rudolf Walter (Urgeschichte hautnah), Bernd Hoffmann-Schimpf, Tanja Vogel

Medien-Animationen: Faber Courtial – Studio für digitale Produktionen, Christian Seitz (WR Heidelberg), Jürgen Süß (Media-Cultura), Sven Jäger, Ursula Koch

Ausstellungsorganisation: Michael Tellenbach (Leitung), Tanja Vogel

Verwaltungstechnische Unterstützung: Veronika Koch

Mitarbeit bei der Objektauswahl: Ursula Koch, Patricia Pfaff, Silke Engelhardt, Uwe Gerlach, Sven Jäger

Konservatorisch-restauratorische Betreuung und Objektmontage: Peter Will, Christopher Röber, Bernd Hoffmann-Schimpf, Sylvia Mitschke, Gerlinde Schneider, Amandine Steinmetz, Christiane Weisser

Naturkundliche Präparate: Matthias Feuersenger

Lichtsetzung: Uwe Rehberger

Ausstellungsaufbau: Christoph Lind / Eva-Maria Günther (Leitung), Ulrich Debus, Silke Engelhardt, Bernd Hoffmann-Schimpf, Michael Kadel, Jean Lehr, Robert Leicht, Samantha McGee, Giuseppe Presentato, Uwe Rehberger, Silvia Rückert, Helmut Schaaf

Medientechnik: Christian Seitz (IWR Heidelberg), Jean Lehr

Presse- und Öffentlichkeitsarbeit / Marketing: Magdalena Pfeifenroth (Leitung), Yvonne Berndt, Santiago Gomez, Tobias Mittag, Cornelia Rebholz, Norman Schäfer

Museumsvermittlung und Begleitprogramm: Sibylle Schwab

Führungsorganisation und Besucherdienste: Britta Bock

IMPRESSUM BEGLEITBUCH
Wilde Völker an Rhein und Neckar – Franken im frühen Mittelalter

Herausgeber: Alfried Wieczorek, Hermann Wiegand, Michael Tellenbach

Inhaltliche Konzeption: Ursula Koch

Wissenschaftliche Redaktion und Lektorat: Claudia Braun, Mathilde Grünewald, Luisa Reiblich

Graphische Gestaltung: Falk Flach (typegerecht,Berlin), Luisa Reiblich

Autorenschaft: Ursula Koch

Exponatfotografie: Carolin Breckle, Jean Christen, Ursula Koch, Christopher Röber, Grabungsdokumentation rem

Graphiken: Ursula Koch

Covergestaltung und Corporate Design: Tobias Mittag, in Zusammenarbeit mit Anna Braungart, Tübingen

Abbildungen:
Zur Abbildung auf der Umschlagvorderseite siehe S. 138 Abb. 132. Im Hintergrund ein Blick in die Ausstellung mit der Inszenierung eines fränkischen Hofes.
Zur Abbildung auf der Umschlagrückseite siehe S. 51 Abb. 37. Langobardischer Reiter, Schildbeschlag von Stabio im Historischen Museum Bern.

Vorsatz
Karte der römisch-barbarischen Königreiche nach dem Tod des Ostgotenkönigs Theoderich 526 n. Chr.
Dirk Fabian, Ingraphis © Kunst- und Ausstellungshalle der Bundesrepublik Deutschland

Vorsatz hinten
Topographische Karte über das Großherzogtum Baden 1838.
1–22 Gräberfelder des 6./7. Jahrhunderts: 1 Sandhofen (Geroldisheim?), 2 Sandhofen, 3 Viernheim, 4 Vogelstang, 5 Straßenheim Aue, 6 Straßenheim, 7 Heddesheim, 8–10 Ladenburg, 11 Feudenheim, 12 Hermsheimer Bösfeld, 13 Norderau, 14–15 Seckenheim, 16 Hochstätt (Kloppenheim), 17 Edingen, 18 Schwabenheim, 19–20 Schwetzingen, 21 Plankstadt (Altstetten?), 22 Oftersheim

© Reiss-Engelhorn-Museen Mannheim [Fotografen Carolin Breckle, Jean Christen, Ursula Koch, Christopher Röber, Grabungsdokumentation rem], wenn nicht ausdrücklich andere Rechtsinhaber oder Fotografen benannt sind. Sollte es vorgekommen sein, dass Rechteinhaber nicht benannt sind oder nicht ausfindig gemacht werden konnten, bitten wir um entsprechende Nachweise die beteiligten Urheberrechte betreffend, um diese in künftigen Heften zu berücksichtigen oder/und im Rahmen der üblichen Vereinbarungen für den Bereich wissenschaftliche Publikationen abgelten zu können.

Wir danken den Unterstützern und Förderern

Bibliografische Information der Deutschen Nationalbibliothek:
Die Deutsche Nationalbibliothek verzeichnet diese Publikation in der
Deutschen Nationalbibliografie; detaillierte bibliografische Daten
sind im Internet über http://dnb.dnb.de abrufbar.

Das Werk ist in allen seinen Teilen urheberrechtlich geschützt. Jede Verwertung
ist ohne Zustimmung des Verlags und der Reiss-Engelhorn-Museen unzulässig.
Das gilt insbesondere für Vervielfältigungen und die Einspeicherung in und Verbreitung
durch elektronische Systeme.

© 2015
Originalausgabe © Reiss-Engelhorn-Museen Mannheim, Mannheimer Altertumsverein
von 1859 – Gesellschaft der Freunde Mannheims und der ehemaligen Kurpfalz und
Verlag Schnell & Steiner GmbH, Leibnizstr. 13, 93055 Regensburg
Gedruckt auf säurefreiem und alterungsbeständigem Papier
Druck: BGZ Druckzentrum Berlin
Printed in Germany
ISBN 978-3-7954-2952-2

Weitere Informationen zum Verlagsprogramm erhalten Sie unter:
www.schnell-und-steiner.de

INHALT

9 Vorwort der Herausgeber

FRÜHES MITTELALTER – DIE ZEIT DER MEROWINGER
11
12 Von der Spätantike zum frühen Mittelalter
12 Die Merowingerdynastie
14 Merowingerkönige in Austrien und deren rechtsrheinische Krieger

EINE JUNGE, GEWALTBEREITE, MOBILE GESELLSCHAFT
17
18 Zeugnisse grober Gewalt – Schädelverletzungen und Knochenbrüche
18 Fränkische Krieger und ihre Waffen
23 Kulturelle Vielfalt auf fränkischen Höfen

DIE MEROWINGERZEITLICHE HOFGESELLSCHAFT
27
28 Die Hofherrin
28 Der Hofherr – ein Reiter
37 Pferdegräber
37 Reitausrüstung
40 Die Männer in der fränkischen Hofgesellschaft
42 Die Frauen in der fränkischen Hofgesellschaft
45 Die Kinder in der Merowingerzeit

MODE IM ZEITLICHEN WANDEL
47
48 Männermode im Wandel – die Gürtelschnallen aus dem 6. und 7. Jahrhundert
48 Kleidung und Schmuck der Frauen

GLAUBE UND MAGIE
63
64 Die Anfänge des Christentums
66 Schrift und Schriftverwendung: Runen
69 Schrift und Schriftverwendung: Buchstaben
69 Amulette
72 Ornamentik im germanischen Tierstil

LEBEN – KRANKHEIT – TOD
75
76 Lebenserwartungen
76 Verschleißerscheinungen und Krankheiten
78 Körperpflege

81	BESTATTUNGSSITTEN – BESTATTUNGSPLÄTZE
82	Inszenierung der gesellschaftlichen Stellung – die Beisetzung
85	Wandel der Bestattungssitten
87	SCHMIEDE UND DAS METALLHANDWERK
88	Der Schmied und seine Werkstoffe
88	Klingenherstellung im Schweißverbundverfahren
89	Die Technik des Tauschierens
91	Metallguss
91	Feuervergoldung
92	Niellieren
95	Treiben und Pressen
95	Punzieren, Stempeln und Gravieren
96	Drahtherstellung
96	Aufgelötete Zierdrähte und Granalien
96	Cloisonné und Steinfassungen
99	BEINSCHNITZER, GLASBLÄSER UND PERLENMACHER
100	Objekte aus Geweih und Knochen
102	Glas – der älteste Kunststoff
104	Glasperlen
111	TEXTILVERARBEITUNG
115	Das Goldtextil aus Straßenheim
117	KERAMIK – PRODUKTION UND VERTRIEB
118	Ein Töpferofen aus Straßenheim
119	Töpfer, Töpferinnen und ihre Produkte
121	Keramikvertrieb
127	SIEDLUNG – ERNÄHRUNG
128	Das fränkische Gehöft
130	Das Grubenhaus
131	Ernährung
135	WIRTSCHAFT UND HANDEL
136	Steuern und Münzprägung
136	Güterverteilung: Handelsware oder Geschenke
145	Warentransfer oder Kriegsbeute
151	Schlusswort
152	Bildnachweis

VORWORT DER HERAUSGEBER

Die Reiss-Engelhorn-Museen (rem) fanden in den letzten Jahren durch große Sonderausstellungen internationale Beachtung, daneben erschlossen Ausstellungen aber auch Bestände der eigenen umfangreichen Sammlungen. Einen Schwerpunkt der Archäologischen Sammlungen bilden auch die Grabfunde aus dem frühen Mittelalter.

Solche wurden schon im 19. Jahrhundert gesammelt, nur hatten diese im abgebrannten Museum im Mannheimer Schloss nach 1945 wiedergefundenen Stücke mit ihren Inventarnummern zwischenzeitlich auch ihre Identität verloren; ohne einen Fundzusammenhang können sie nicht viel erzählen. Umfangreiche Recherchearbeiten werden eines Tages diesen Zustand mildern können. Ebenso haben die frühmittelalterlichen Funde aus den zu Beginn des 20. Jahrhunderts gekauften Sammlungen als archäologische Quelle nur geringen Wert; zudem werden sie mittlerweile durch herausragende Funde aus den Grabungen der Reiss-Engelhorn-Museen in der Region weit übertroffen.

Einen enormen Sammlungszuwachs brachten in den 60er Jahren des 20. Jahrhunderts die Ausgrabungen unter Erich Gropengießer und seinem Grabungstechniker Heini Geil. Das damals freigelegte Gräberfeld von Mannheim-Vogelstang war mit 443 vergebenen Grabnummern lange Zeit das größte der Region und es spielt mit vielen Exponaten auch in der Ausstellung eine wichtige Rolle. Das Gräberfeld von Straßenheim Aue war sicher nicht kleiner, doch hier wurde sowohl in den 30er wie auch 60er Jahren nur gerettet, was gerade gefährdet und bemerkt wurde, darunter aber viele präsentable Objekte. Noch weniger blieb von anderen, schon lange bekannten frühmittelalterlichen Gräberfeldern an Rhein und Neckar übrig. Allerdings befinden sich darunter immer wieder einzigartige Stücke von herausragender Qualität oder von ungewöhnlicher Form, die unser Interesse wecken und die den Weg in die Ausstellung gefunden haben.

Von 1998 bis 2003 leitete Ursula Koch die Abteilung Archäologische Denkmalpflege im damaligen Reiss-Museum, seit 2001 Reiss-Engelhorn-Museen. Die Aufarbeitung der frühmittelalterlichen Altbestände in den Archäologischen Sammlungen sah sie als ihre wichtigste Arbeit an. In dieser Zeit wurden außerdem zwei sehr unterschiedliche frühmittelalterliche Gräberfelder ausgegraben: eines von mittlerer Größe mit starker Beraubung nördlich von Sandhofen und eine kleine Gräbergruppe südlich von Straßenheim mit einer herausragenden Grabanlage aus dem 7. Jahrundert. Im Jahr 2002 begannen die Grabungen der Reiss-Engelhorn-Museen auf dem Hermsheimer Bösfeld im Bereich der SAP-Arena. Bis 2005 wurden hier insgesamt 900 Gräber freigelegt. Der vergleichsweise geringe Beraubungsgrad bescherte den Reiss-Engelhorn-Museen zwar eine Fülle kostbarerer Exponate, die unerwartete Größe des Bestattungsplatzes bereitete aber auch entsprechende Probleme. Insgesamt 1,6 Millionen Euro investierte das Museum für die Ausgrabung im Hermsheimer Bösfeld. Und dieses Großprojekt ist noch lange nicht abgeschlossen, bedarf weiterer Drittmittel zur wissenschaftlichen und restauratorischen Bearbeitung. Die Fundbetreuung wurde zu einer Herausforderung für den neuen Leiter der Archäologischen Denkmalpflege und Sammlungen, Klaus Wirth, und den damaligen zuständigen Restaurator, Bernd Hoffmann-Schimpf.

Auch die älteren frühmittelaterlichen Grabfunde bedürfen einer ständigen restauratorischen Betreuung. Die alten Restaurierungen aus den 60er Jahren des 20. Jahrhunderts verlangen längst eine Überholung. Viele der seit 1999 geborgenen Funde ruhen immer noch in Gips gehüllt im Depot oder warten in Tiefkühltruhen auf ihre Restaurierung. Nur einen Teil aus dem in seiner sozialen Zusammensetzung ungewöhnlichen Sandhofener Bestattungsplatz und aus dem reichen und für die Geschichte der Region spannenden Hermsheimer Gräberfeld konnten die Restauratoren Peter Will und Christopher Röber für die Ausstellung konservieren. Nur nach und nach können diese neuen Bestände aus dem Boden Mannheims restauratorisch aufgearbeitet werden. Röntgenuntersuchungen zeigen, dass in den auf ihre Restaurierung wartenden Gipshüllen noch sehr viele wertvolle Gegenstände schlummern. Die Archäologischen Sammlungen der Reiss-Engelhorn-Museen hätten damit das Potential, von Zeit zu Zeit die Exponate zu wechseln und neue Geschichten über die Familien in den ländlichen Siedlungen rund um Mannheim zu erzählen.

Unser herzlichster Dank gilt vor allem Ursula Koch, die nicht nur die wissenschaftliche Aufbereitung der frühmittelalterlichen Bestände (bis auf das Hermsheimer Bösfeld) übernommen hat und demnächst in einer Publikation vollständig vorlegen wird; ihr verdanken wir auch die äußerst kenntnisreiche neue Präsentation des Frühmittelalters in den Reiss-Engelhorn-Museen.

Ein großer Dank gilt allen Kolleginnen und Kollegen, die mit großem Einsatz daran mitgewirkt haben, dass die neu eröffnete Ausstellung »Wilde Völker an Rhein und Neckar – Franken im frühen Mittelalter« nun der Öffentlichkeit präsentiert werden kann.

Wir bedanken uns beim Verlag Schnell & Steiner, insbesondere Simone Buckreus, für die höchst umsichtige Betreuung der Publikation.

Alfried Wieczorek
Hermann Wiegand
Michael Tellenbach

FRÜHES MITTELALTER – DIE ZEIT DER MEROWINGER

VON DER SPÄTANTIKE ZUM FRÜHEN MITTELALTER

Um 400 n. Chr. folgte auf die klimatisch begünstigte Epoche der Römer – also noch in der Spätantike – die Zeit der **Völkerwanderungen**. Kühles, feuchtes und unbeständiges Wetter hatte Sturmfluten, Hochwasser und Hungersnöte zur Folge; diese Klimaphase dauerte bis ins 9. Jahrhundert und prägte das Frühmittelalter.
Um 480 beginnt das frühe Mittelalter mit der **Merowingerzeit**, die nach dem fränkischen Königsgeschlecht der Merowinger benannt ist (Abb. 1).
Um 750 wird sie von der **Karolingerzeit** abgelöst.

Über die Zeit der Merowinger berichten im 6. Jahrhundert der Geschichtsschreiber Gregor von Tours († 595) und für das 7. Jahrhundert die Chroniken des so genannten Fredegar. Der aus Italien stammende und zeitweilig am fränkischen Königshof lebende Dichter Venantius Fortunatus († um 600) könnte den Rhein-Neckar-Raum durchquert haben, bevor er Bischof Sidonius in Mainz traf. Die Stämme rechts des Rheins – zwischen den Alamannen im Süden und den Thüringern im Nordosten – werden von ihnen nicht benannt. Die Wildheit der Völker – *furorem gentium* –, die vom jenseitigen Ufer des Rheins kamen, erwähnt Gregor von Tours, einen eigenen Namen hatten sie offensichtlich nicht.

Sehr viel reicher ist das aus Gräbern geborgene archäologische Quellenmaterial in den rechtsrheinischen Gebieten. Zwar können wir die Personen nicht beim Namen nennen, doch Geschichten lassen sich für die fränkischen Hofgesellschaften im Rhein-Neckar-Raum durchaus rekonstruieren.

DIE MEROWINGERDYNASTIE

Der Merowinger Chlodwig I. (482–511) folgte mit 16 Jahren seinem Vater Childerich I. als Kommandant der römischen Provinz *Belgica*, zugleich war er *rex Francorum*, einer der barbarischen Könige im Römischen Reich (Tabelle 1).

486 besiegte der fränkische König Chlodwig den römischen Heermeister Syagrius bei Soissons/Nordfrankreich und beendete die römische Herrschaft in Gallien. Er übernahm das stehende Heer seines Gegners, etwa 3.000 Krieger.

Bis 509 eroberte Chlodwig fast ganz Gallien, das heutige Frankreich, er besiegte die Alamannen und griff über den Rhein hinaus. Dort stoppte ihn der Ostgotenkönig Theoderich der Große, der die Alamannen unter seinen Schutz stellte und mit den Thüringern verbündet war.

511 starb Chlodwig; seine vier Söhne teilten sich das Reich. Der älteste, Theuderich I. (511–533), erhielt das Ostreich, Austrien genannt, mit der Hauptstadt Reims. Der jüngste, Chlothar I. (511–561), der 555 Gesamtherrscher werden sollte, war kaum zwölf Jahre alt und erhielt Soissons. 529 fiel Theuderich I. in Thüringen ein und wurde zurückgeschlagen. 531 griffen Theuderich I. und sein Sohn Theudebert I. zusammen mit Chlothar I., dem jüngsten Sohn Chlodwigs, die Thüringer erneut an. 533 hatte Theuderich I. das Reich der Thüringer und seine Provinzen erobert.

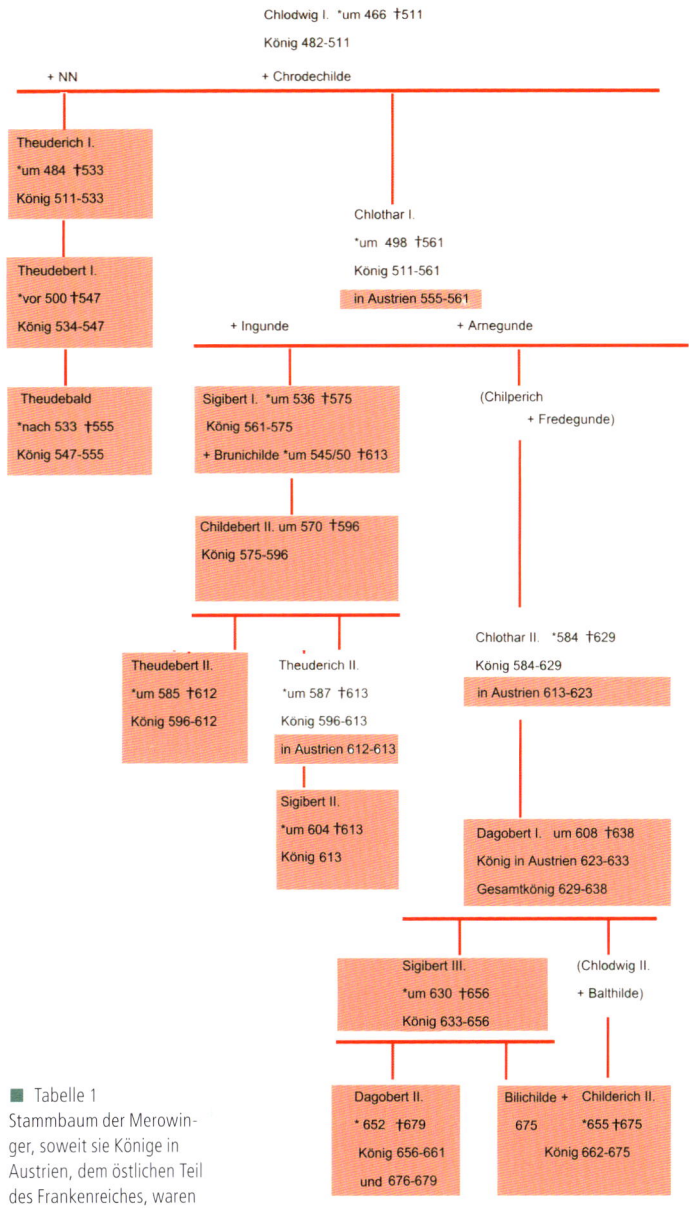

■ Tabelle 1
Stammbaum der Merowinger, soweit sie Könige in Austrien, dem östlichen Teil des Frankenreiches, waren

536 kam es zu einer Klimakatastrophe. Die Bäume wuchsen kaum (extrem schmale Jahresringe); es wird berichtet: In Byzanz schien die Sonne ein ganzes Jahr nur so schwach wie der Mond, so Prokop, und in Rom warf sie keine Schatten, so Cassiodor.

Ab 542 breitete sich die Pest im Byzantinischen Reich und auch nordwärts der Alpen aus.

Doch schon in der Generation von Sigibert I. (561–575) verfügten die Könige über funktionierende Territorialverwaltungen, denen sie die Einberufung des Heeres überlassen konnten. Königliche Regionalbeamte, *duces*/Herzöge oder *comites*/Grafen hoben die Truppenverbände aus.

Die Merowingerkönige siedelten ihre Krieger in den eroberten Gebieten an, auch im Mannheimer Raum. Von solchen

■ Abb. 1
Die fünf Lanzenträger sind gekleidet wie Männer des frühen Mittelalters im Frankenreich. Sie tragen eine langärmelige Tunika, als Umhang das auf der Schulter verschlossene Rechtecktuch, dazu Strumpftücher und Wadenbinden sowie gebundene Schuhe. Abgebildet sind sie in der Trierer Apokalypse, einer vermutlich in der ersten Hälfte des 9. Jahrhunderts in Nordfrankreich nach spätantiken Vorlagen angefertigten Handschrift. (Stadtbibliothek Trier, MS 31 Ausschnitt aus fol. 10v)

MEROWINGERKÖNIGE IN AUSTRIEN UND DEREN RECHTSRHEINISCHE KRIEGER

Die Franken leisteten unter ihrem König Chlodwig I. (482–511) Heeresfolge; bei der jährlichen Musterung auf dem Märzfeld (*campo Marcio*) erschienen die *Franci* bewaffnet. Nach der Teilung des Reiches 511 wurde die Heeresfolgepflicht in den Teilreichen zum Problem.

Siedlungen sind nur wenige Reste ausgegraben, z. B. in Heddesheim, in Wallstadt oder in Hermsheim auf der Gemarkung Seckenheim; oft liegen sie unter heutigen Ortschaften.

Bekannter sind die Friedhöfe. In die Sammlungen der Reiss-Engelhorn-Museen gelangten Grabfunde aus den Mannheimer Gemarkungen Feudenheim, Sandhofen, Seckenheim, Straßenheim (Abb. 2) und Vogelstang, ebenso aus Altlußheim, Heddesheim, Oftersheim Plankstadt und Schwetzingen. Sie erzählen zusammen mit den reichen Funden vom Hermsheimer Bösfeld in Mannheim-Seckenheim die Geschichte der Merowingerzeit.

Aus einer Siedlung von der Größe Hermsheims leisteten wohl jeweils an die sechs Männer, ein Reiter mit einem Knecht und vier Gefolgschaftskriegern, den ostfränkischen Königen Heeresfolge.

■ Abb. 2
Ein fränkischer Krieger aus dem ersten Drittel des 6. Jahrhunderts war in Mannheim-Straßenheim Aue Grab 80 nach damaliger Sitte mit seinen Waffen beigesetzt worden. Wegen der unsachgemäßen Bergung im Mai 1966 ist die Spatha, das zweischneidige eiserne Schwert, zerbrochen. Von der Ausstattung des Toten haben sich die Teile aus organischen Materialien wie Holz, Bast, Felle oder Textilien, also auch die Schwertscheide, nicht erhalten; sie lassen sich aber durch metallene Bestandteile erschließen. Auf einem hölzernen Schild war einst der eiserne Buckel mit flachem Spitzenknopf vernietet. Er schützte die Hand, die den Schild an der auf der Innenseite befestigten Schildfessel trug. Die Lanze bestand aus einem langen Holzschaft und der – übriggebliebenen – 39 cm langen eisernen Spitze. Drei Pfeile steckten in einem ebenfalls nicht mehr vorhandenen Köcher. Von der gesamten Kleidung blieb nur eine einfache ovale Schnalle. Eine zweite kleine Schnalle dürfte zum Wehrgehänge gehört haben. Dem Toten wurden Trank und Speisen mit ins Grab gestellt. Das Bronzebecken war vor der Niederlegung im Grab sicher vielseitig verwendet worden, unter anderem zum Waschen der Hände vor und nach dem Essen.

Die Siedlung nördlich von Sandhofen (Geroldisheim?) war kleiner, von hier folgten wohl ein Reiter mit Knecht sowie zwei Gefolgschaftskrieger dem Aufgebot.

An folgenden Unternehmungen nahmen Krieger aus dem Rhein-Neckar-Raum teil:
539 Theudebert I. (533–547) überquerte die Alpen und griff in den ostgotisch-byzantinischen Konflikt ein.
543 Theudebert I. griff nach Erfolgen des Ostgoten Totila (541–552) gegen die Byzantiner erneut in die Kriegswirren ein.
553/554 Fränkische Heere durchzogen plündernd Italien, wurden dabei vernichtend geschlagen oder fielen der Pest zum Opfer.
561 Ein Heer des ostfränkischen Königs Sigibert I. (561–575) schlug die Awaren an der Ostgrenze des Reiches.
574 Sigibert I. zog nach Paris.
575 Austrasische Franken eroberten das langobardische Herzogtum Trient.
575 Sigibert I. eroberte mit dem rechtsrheinischen Heer Paris.
584, 585, 588 Fränkische Heere unter Childebert II. (575–596) fielen in das Langobardenreich in Italien ein.
590 Childeberts II. zunächst erfolgreiche Offensive gegen die Langobarden scheiterte.
596 Ein Feldzug gegen die Awaren verlief unglücklich.
610 Beginn des Bruderkrieges zwischen den Söhnen Childeberts II.
611 Theudebert II. (596–612) kämpfte gegen die Awaren.
613 Chlothar II. und der austrische Adel beendeten den Bruderkrieg.
631 Dagobert I. (629–639) erlitt bei der Wogastisburc an der Eger eine Niederlage gegen die Slawen.

Danach sind keine weiteren Unternehmungen von Merowingerkönigen rechts des Rheins mehr bekannt.

Auf König Dagobert I., der 639 im Alter von 30 Jahren starb, folgten noch zwölf Könige. Aber das Reich veränderte sich, zunehmend mächtiger wurden die Hausmeier und die Reichsaristokratie, darunter im eigenständigen Austrien die Pippiniden und späteren Karolinger. 751 schickte Pippin den letzten Merowingerkönig, Childerich III., ins Kloster.

LITERATURHINWEISE

M.G.L. Baillie, Dendrochronology raises questions about the nature of the A.D. 536 dust-veil event. The Holocene 4:2 (1994), 212–217

Fritz Beisel, Theudebertus magnus rex Francorum. Geschichtswissenschaftliche Beiträge 109 (Idstein 1993)

Eugen Ewig, Die Merowinger und das Frankenreich. Kohlhammer Urban Taschenbücher Band 392 (2., erweiterte Auflage, Stuttgart 1993)

Doris Gutsmiedl, Die justinianische Pest nördlich der Alpen? Zum Doppelgrab 166/167 aus dem frühmittelalterlichen Reihengräberfeld von Aschheim-Bajuwarenring. In: Cum grano salis. Beiträge zur europäischen Vor- und Frühgeschichte. Festschrift für Volker Bierbrauer zum 65. Geburtstag (Friedberg 2005), 199–208

Martina Hartmann, Aufbruch ins Mittelalter. Die Zeit der Merowinger (Darmstadt 2003)

Margarete Weidemann, Kulturgeschichte der Merowingerzeit nach den Werken Gregors von Tours. Monographien RGZM 3 (Mainz 1982)

EINE JUNGE, GEWALTBEREITE, MOBILE GESELLSCHAFT

ZEUGNISSE GROBER GEWALT – SCHÄDELVERLETZUNGEN UND KNOCHENBRÜCHE

Von gewalttätigen kriegerischen Begegnungen mit deutlich erkennbarer Tötungsabsicht zeugen Verletzungen durch scharfe Gewalt, die speziell die linke Schädelhälfte und das linke Schlüsselbein betrafen; sie sind nur bei Männern zu beobachten.

Die Italienfeldzüge Theudeberts I. (534–548) während des ostgotisch-byzantinischen Krieges waren für die Franken verlustreich. In den Gräberfeldern am nördlichen Oberrhein fällt ein erheblicher Frauenüberschuss in dieser Generation auf, so mancher Mann war nicht mehr heimgekehrt.

Weitere Italienfeldzüge fanden in der zweiten Hälfte des 6. Jahrhunderts unter Sigibert I. und seinem Sohn Childebert II. statt.

Das späte 6. und das frühe 7. Jahrhundert sind von Bruderkriegen unter den Merowingerkönigen geprägt. Im zweiten Viertel des 7. Jahrhunderts muss es nahe Hermsheim eine heftige Auseinandersetzung gegeben haben. Zwei erschlagene Männer (Abb. 3 und 4) wurden in den großen Kammergräbern 771 und 774 – bei zehn Metern Abstand vermutlich unter Grabhügeln – am Südende des großen Gräberfeldes beigesetzt.

Im ausgehenden 7. oder im 8. Jahrhundert, als rivalisierende Adelsgruppen um die Macht im Merowingerreich kämpften, wurde der in Vogelstang Grab 375 beigesetzte Mann von hinten erschlagen.

Aufgrund einer guten Wundversorgung schon in der Mitte des 6. Jahrhunderts verheilten die Schädelverletzungen des 40 bis 50-jährig verstorbenen Mannes aus Sandhofen Grab 90. Der Mann aus Sandhofen Grab 188 hat eine stark blutende Kopfverletzung überlebt; er wurde fast 60 Jahre alt (Abb. 5).

FRÄNKISCHE KRIEGER UND IHRE WAFFEN

Im 6. und frühen 7. Jahrhundert führten junge Könige, oft schon bald nach ihrer Mündigkeit mit 16 Jahren, eine insgesamt junge Gesellschaft an. Es gab nur wenige alte Menschen. Jugendliches Draufgängertum war sicher ein Grund für große Gewaltbereitschaft. Offensichtlich stand das Kriegertum in hohem Ansehen, denn die Männer wurden nicht – wie ihre Frauen – mit Arbeitsgerät, sondern mit ihren Waffen bestattet. Zahl und Art der Waffen erlauben Rückschlüsse auf die gesellschaftliche Stellung des Verstorbenen (Abb. 6, 7 und 8).

Ango: Die über einen Meter lange Stangenwaffe war Reitern und Kriegern in führender Position vorbehalten, die zudem mit Spatha, Lanze und Schild gerüstet waren.

Spatha: Die zweischneidige Spatha war die kostbarste Waffe eines Kriegers. Sie wurde samt Scheide und Wehrgehänge neben dem Toten niedergelegt.

Lanze und Schild: Jeder mit Schwert und Schild bewaffnete Krieger führte eine Lanze, aber auch Männer und Knaben ohne Schwert und Schild konnten eine Lanze mit ins Grab bekommen. Die in den Ecken der Grabschächte stecken-

■ Abb. 3
Der Schädel des etwa 30–40-jährigen Mannes aus Grab 771 weist mehrere Verletzungen durch Schwerthiebe auf, die zu einem gewaltsamen Tod führten. Wie häufig bei eindeutigen Hiebverletzungen ist die linke Schädelseite betroffen. Bei der großen Verletzung auf dem linken Stirnbein wurde der Schädelknochen komplett durchschlagen und ein größeres Knochenstück dabei herausgesprengt. Ein weiterer Schwerthieb, etwa tangential an der linken Schädelseite herunterführend, hat das linke Ohr vollständig abge- und das linke Jochbein glatt durchtrennt. Die Kiefer und Zähne sind betroffen, ebenso weitere Schädelknochen. Die Beobachtung, dass deutlich mehr Hiebe gegen das Opfer gerichtet worden sind, als für dessen sicheren Tod notwendig gewesen wären, ist an Funden aus dem frühen Mittelalter generell nicht selten. *Christian Meyer*

■ Abb. 4
Mindestens vier separate perimortale Hiebverletzungen hinterließen bei dem Mann aus Grab 774 vom Hermsheimer Bösfeld Spuren vor allem am vorderen linken Schädelbereich. Allein drei Hiebe trafen und durchschlugen das linke Stirnbein und sind als tödliche Verletzungen anzusehen. Weiterhin betroffen waren beispielsweise das linke Jochbein sowie die linke Ober- und Unterkiefer. Hier wurden durch einen Schwerthieb fünf Zähne zusammen mit Teilen des Unterkiefers komplett abgeschlagen. Da sich keinerlei Heilungsanzeichen finden, hat diese scharfe Gewalt den Tod dieses etwa 1,83 m großen Mannes bewirkt. Trotz seines noch geringen Alters, er war Anfang 20, ist er jedoch bereits als Veteran im bewaffneten Kampf anzusehen, denn sein Schädel weist eine weitere, zum Todeszeitpunkt bereits abgeheilte Verletzung auf. Ein Schwerthieb ist als Ursache anzunehmen. Ein Knochenstück wurde dabei abgesprengt und ist unter leichter Verlagerung nach hinten wieder mit dem Rest des Schädels verwachsen. Dieser Fall belegt eindrücklich das Risiko eines gewaltsamen Todes für waffentragende Männer dieser Altersgruppe. Auch fast alle anderen erwiesenermaßen tödlichen Verletzungen bei den Toten vom Hermsheimer Gräberfeld finden sich bei jungen Männern unter 30 Jahren. *ChristianMeyer*

■ Abb. 5
Der im Alter von 50 bis 60 Jahren verstorbene Mann aus Mannheim-Sandhofen Grab 188 überlebte eine stark blutende Wunde der Kopfschwarte und einen Einbruch der äußeren Knochenschicht, verursacht durch einen Hieb mit scharfer Waffe von vorn. Senkrecht über die linke Seite des Stirnbeins verläuft eine längliche Furche von etwa 3,5 cm; sie bezeugt diese komplett abgeheilte Verletzung. (Nach Angaben von Svenja Partheil, Wetzlar)

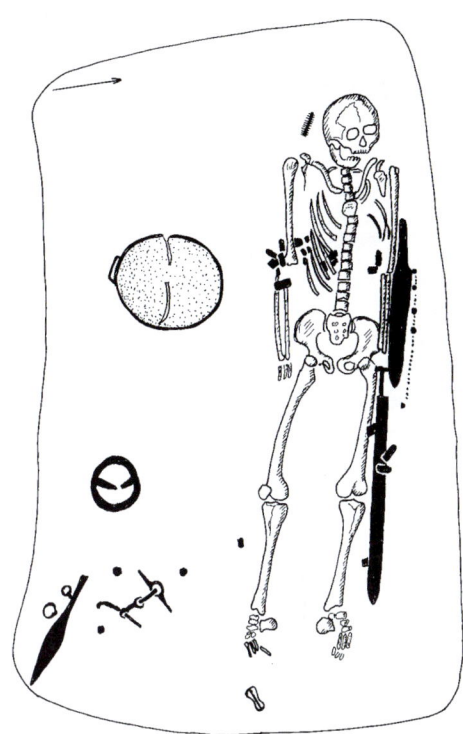

■ Abb. 6
Der Krieger aus Mannheim-Straßenheim Aue Grab von 1932 erhielt eine für das zweite Viertel des 7. Jahrhunderts typische Ausstattung. Er war ausgerüstet mit einer zweischneidigen Spatha, einem Sax mit langer Griffangel und breiter einschneidiger Klinge, einer Lanze mit eiserner Spitze, Aufhaltern und Schaftbeschlägen sowie einem Schild, dessen eiserner Buckel eine gewölbte Kalotte aufweist und zu dem eine Schildfessel mit langen Seitenstangen gehörte. Die bronzenen Schnallen, Beschläge und Riemenzungen stammen vom Wehrgehänge. Unvollständig erhalten – es fehlt der Schnallenbügel – ist die eiserne, silbertauschierte Garnitur mit bronzenen Ösenbeschlägen vom Leibgurt.

■ Abb. 7
Im dritten Viertel des 7. Jahrhunderts wurde der Mann aus Mannheim-Vogelstang Grab 409 in der Nordhälfte einer großen Holzkammer beigesetzt. Rechts von ihm, in der südlichen Hälfte, war genügend Platz für Beigaben. Dort stand das große Bronzebecken, das einem Hofherrn zukam.
In der Südostecke waren das Zaumzeug mit einer eisernen Trense und das Sattelzeug, auf das die große Eisenschnalle vom Bauchgurt hinweist, niedergelegt. Diese Objekte kennzeichnen den Mann als Reiter. Zwischen Bronzebecken und Pferdegeschirr lag der hölzerne Schild mit dem niedrigen eisernen Schildbuckel und einer kurzen Schildfessel. In der Ecke steckte die Lanzenspitze.
Neben dem linken Bein des Toten lag die zweischneidige Spatha mit umgewickeltem Wehrgehänge und neben dem linken Arm das einschneidige Hiebschwert, der Sax. Dieser steckte in einer Scheide, die an einer Seite durch viele kleine und vier große Bronzeniete geschlossen war. Der Reiter trug einen Gürtel mit so genannter vielteiliger Garnitur aus tauschiertem Eisen.

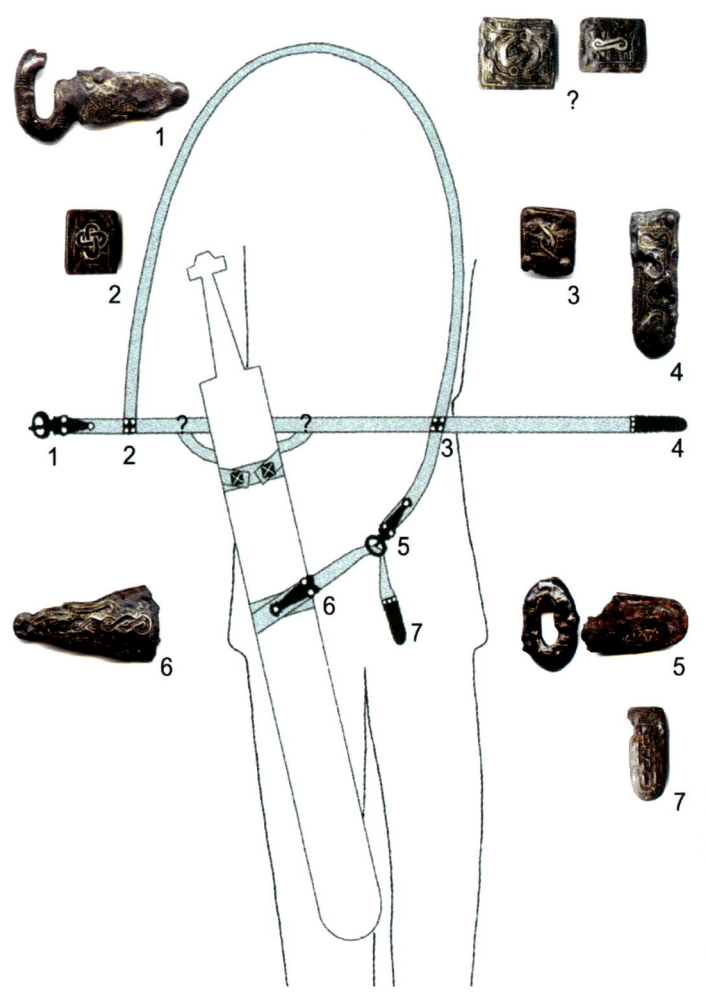

■ Abb. 8
Das Wehrgehänge aus Vogelstang Grab 409 bestand aus einem Gürtel mit Tragegurt, der vermutlich über die Schulter führte, und einem Schleppriemen: Da das Riemenwerk stets um die Spatha gewickelt beigegeben wurde, gibt es unterschiedliche Rekonstruktionen; aber es gab sicher auch unterschiedliche Lösungen bei der Aufhängung. Mit dem Gürtel war ein schmaler Riemen verbunden, der im oberen Drittel, wo der Pyramidenknopf steckte, die Spathascheide erfasste, während der Schleppriemen in der unteren Hälfte um die Spathascheide geschlungen war. Die Spatha war somit an zwei Punkten aufgehängt.

Die eiserne Garnitur aus Grab 409 ist mit Silber- und Messingdrähten tauschiert, dabei zeigen die beiden Schnallen mit langen Beschlägen, die beiden Riemenzungen und die rechteckigen oder rautenförmigen Beschläge recht unterschiedliche Muster. Es sind mehr Beschläge vorhanden, als üblicherweise zu einer Garnitur gehörten.
(Nach Rekonstruktionsvorschlag von Tobias Brendle 2012)

de Lanzenspitze blieb meist von antikem Grabraub verschont.

Sax: Die einschneidigen Hiebmesser in den Gräbern sind als Waffe zu werten, da es nicht üblich war, Männern Handwerkszeug mitzugeben. In der ersten Hälfte des 6. Jahrhunderts waren Saxe kaum von einem großen Messer zu unterscheiden. Sie entwickelten sich im 7. Jahrhundert zu einer schweren Waffe, die mit beiden Händen geführt wurde.

In der sozialen Mittelschicht gehörte der Sax ab der zweiten Hälfte des 6. Jahrhunderts zur üblichen Ausstattung, oft war er mit einer Lanze kombiniert. Saxe befanden sich ebenfalls unter den Waffen von Reitern und Kriegern, die in den ländlichen Siedlungen die soziale Oberschicht bildeten.

KULTURELLE VIELFALT AUF FRÄNKISCHEN HÖFEN

Die kriegerischen Unternehmungen des späten 5. und des 6. Jahrhunderts hatten eine hohe Mobilität von Personen zur Folge.

Als die Franken König Theuderich I. die Heeresfolge verweigerten, warb dieser Krieger aus Gebieten der Sachsen und Thüringer an. Sein Sohn Theudebert I. (533–547) fand unter den Langobarden an der mittleren Donau Verbündete. Die Könige siedelten die Familien ihrer Krieger in den eroberten Gebieten an. Somit lebte in der Mitte des 6. Jahrhunderts auf den fränkischen Höfen der Rhein-Neckar-Region eine multikulturelle Gesellschaft, in der es auch gebürtige Franken gegeben haben mag. Doch alle Männer – woher sie auch kamen – trugen fränkische Gürtel und verwendeten überwiegend fränkische Waffen. Durch ihren Dienst im fränkischen Heer waren sie Franken geworden. Sie verraten ihre ursprüngliche nicht fränkisch Herkunft allenfalls durch den Besitz eines großen einreihigen Kamms (Abb. 9), wie er im 6. Jahrhundert im thüringisch/langobardischen Kulturraum üblich war, oder einen unscheinbaren Plattensporn, wie er nur östlich des Rheins verwendet wurde.

Die Frauen hielten länger als die Männer an traditionellen Kleidungsaccessoires und mitgebrachtem Schmuck

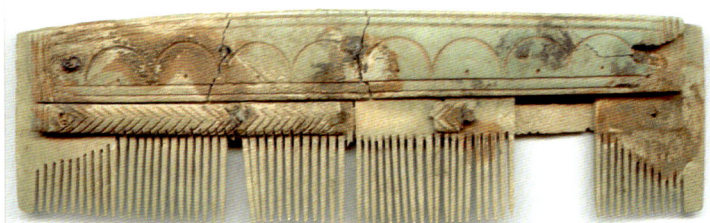

■ Abb. 9
Den 18 cm großen, einreihig gezähnten Kamm aus Vogelstang Grab 218 brachte eine Familie langobardischer Herkunft im zweiten Viertel des 6. Jahrhunderts von der mittleren Donau an den Neckar. An Rhein und Neckar waren im 6. Jahrhundert doppelreihig gezähnte Kämme üblich.

■ Abb. 10
In der ersten Hälfte des 6. Jahrhunderts trafen im Rhein-Neckar-Gebiet Frauen mit höchst unterschiedlichen Kleidungssitten zusammen. Ihre Gewänder sind nicht erhalten, wohl aber der Fibelschmuck. Traditionell rheinfränkischen Schmuck trug die ältere Frau aus Mannheim-Vogelstang Doppelgrab 189, dazu gehören Bügelfibeln mit halbrunder Kopfplatte und gleichbreiter Fußplatte sowie die kleine Vogelfibel. Die Form der Bügelfibel mit gezackter Kopfplatte und schwalbenschwanzförmiger Fußplatte entwickelten Thüringer und Langobarden im Elbegebiet. Die Frau aus Straßenheim Aue Grab 81 trug eine solche Bügelfibel und dazu eine mit Almandinzellen geschmückte S-Fibel. Dieser S-Fibeltyp kommt vereinzelt in Süddeutschland vor, ist aber vor allem an der mittleren Donau sowie im Friaul, das heißt in den Siedelgebieten von Langobarden, verbreitet.

fest. In der Rhein-Neckar-Region tauchen im 6. Jahrhundert Kleinfibeln und Bügelfibeln auf, die hier als fremd gelten, weil sie nicht in dieser Region, die bis um 500 n. Chr. zur Alamannia gehörte, verwurzelt sind (Abb. 10, 11 und 12).

Bei den zur Kleidung gehörenden Objekten aus dem westgotischen Aquitanien (Südfrankreich) oder aus den Gebieten zwischen mittlerer Elbe und mittlerer Donau ist anzunehmen, dass sie von ihren Trägerinnen mitgebracht wurden. Langobardische Frauen brach-

■ Abb. 11
Der ersten im Hermsheimer Bösfeld beigesetzten Generation gehörte die Frau in Grab 148 an. Sie trug wie alle vornehmen Frauen im zweiten Viertel des 6. Jahrhunderts eine Vierfibeltracht. Dabei kombinierte sie ein kleines Almandinscheibenfibelpaar, das durch mugelige Almandine in der Mitte auffällt, mit einem Bügelfibelpaar, dessen Form mit rechteckiger Kopfplatte, ovaler Fußplatte und Tierkopfende bis dahin am Rhein nicht üblich war. Mit dem Fibelpaar verbunden war ein Gehänge mit silbernen Doppelbeschlägen (nicht abgebildet) und einer Meerschaumperle als Abschluss. Derartige Gehänge sind ein typischer Trachtbestandteil der an der mittleren Donau siedelnden Langobardinnen. Erst im zweiten Viertel des 6. Jahrhunderts gelangten sie in den Westen, mitgebracht von Frauen wie denen in Vogelstang Grab 152B und 189 (siehe Abb. 41). Da zu den Bügelfibeln aus dem Hermsheimer Grab 148 sehr ähnliche Paare aus Gräbern in Südbayern und Ungarn bekannt sind, ist anzunehmen, dass die Hermsheimerin aus östlichen Regionen an den Rhein kam. Ein mitgefundener handgeformter Becher, typisch langobardisch mit senkrechten Riefen und Rippen verziert, stützt diese Annahme. Ein ebensolcher Becher stand in Vogelstang Grab 152B (s. Abb. 118).

ten in der ersten Hälfte des 6. Jahrhunderts die Mode der metallbeschlagenen Gehängebänder nach Westen. Nur bei den Erzeugnissen aus fränkischen Werkstätten ist damit zu rechnen, dass auch Personen nicht fränkischer Herkunft damit honoriert wurden.

Die qualitätvolle, ohne Töpferscheibe geformte Keramik lässt Formen und Verzierungen elbgermanischer und nordseegermanischer Traditionen erkennen. Sie bezeugen einen Transfer von Ideen und Technologie.

■ Abb. 12
Als Chlodwig in einer großen Schlacht bei Vouillé nahe Poitiers die Westgoten besiegte, war die in Sandhofen Grab 66 beigesetzte alte Frau noch ein junges Mädchen. Damals dürfte sie einem Krieger des fränkischen Heeres gefolgt sein. In Sandhofen besaß sie nur noch eine der ursprünglich als Paar an den Schultern getragenen typischen westgotischen Adlerfibeln; sie verwendete die 10 cm große Fibel jedoch nach fränkischer Art anstelle einer Bügelfibel in Beckenhöhe. Die Adlerfibel ist aus Bronze gegossen und das vergoldete Zellwerk aufgelötet. Die Einlagen aus transparenten farblosen Glasplättchen schimmerten einst rötlich golden, sie lagen auf Kupferfolie. Weiß sind die vereinzelten Muscheleinlagen.

LITERATURHINWEISE

Tobias Brendle, »Ich, ein Werk aus Eisen, glänze wie Siber«. Zu den silber- und messingtauschierten eisernen Pyramidenbuckeln vom Schwertgurt der jüngeren Merowingerzeit. In: Grosso Modo. Quellen und Funde aus Spätantike und Mittelalter. Festschrift für Gerhard Fingerlin (Weinstadt 2012) 95–112

Ursula Koch, Einheimische und Fremde werden Franken. In: Hansjörg Probst (Hrsg.), Mannheim vor der Stadtgründung I,2 (Regensburg 2007) 192–223

Ursula Koch, Ausrüstung von Reitern und Kriegern. In: Hansjörg Probst (Hrsg.), Mannheim vor der Stadtgründung I,2 (Regensburg 2007) 151–160

Wilfried Menghin, Das Schwert im frühen Mittelalter. Wissenschaftliche Beibände zum Anzeiger des Germanischen Nationalmuseums 1 (1983)

Christian Meyer, Bioarchäologie des frühmittelalterlichen Gräberfeldes vom Hermsheimer Bösfeld, Mannheim-Seckenheim. Paläopathologische und paläoepidemiologische Untersuchungen der menschlichen Skelettfunde. Dissertation Univ. Mainz (in Vorbereitung, 2014)

Svenja Partheil, Anthropologische Untersuchungen der menschlichen Skelettfunde aus dem merowingerzeitlichen Gräberfeld Mannheim-Sandhofen, Baden-Württemberg (Examensarbeit Gießen 2006)

Svenja Partheil, Anthropologische Bearbeitung der Skelette von Mannheim-Sandhofen Teil 2 (2011)

DIE MEROWINGERZEITLICHE
HOFGESELLSCHAFT

DIE HOFHERRIN

An der Spitze in der sozialen Rangordnung einer Dorfgesellschaft stand neben dem Hofherrn die Hofherrin. Bei Abwesenheit des Mannes trug sie die Verantwortung für die *familia*, die Hofgesellschaft und den Hof samt der beweglichen Habe. Mit der Grabausstattung für eine Hofherrin zeigte die Familie, wie vermögend sie war.

Die Grabausstattung der Herrin hob sich von der anderer Frauen stets durch auffallendes Gerät, reiches Tischgeschirr und einen Kasten mit Metallbeschlägen (Abb. 13) ab. Hölzerne Kästchen mit bronzenen Frontblechen in spätantiker Tradition wurden noch im 6. Jahrhundert hergestellt; dann wurden sie durch Kästen mit eisernen Eckbeschlägen abgelöst. Bei allen war der Deckel, der oben einen eisernen Griff trug, an der Rückseite mit zwei eisernen Ösenscharnieren am hohen Kasten befestigt, bei allen steckte die Schlossfeder, die beweglich von einem Splint gehalten wurde, hinter der vorderen Deckelkante und konnte hinter dem an der Kastenfront angebrachten eisernen Schlossblech einrasten.

Zwei bis drei Geräte, darunter Flachsbreche, Webschwert oder Schere sowie zwei bis drei Spinnwirtel, weisen die Frau als Hüterin der wertvollen Textilvorräte aus. Einer Hofherrin wurde wie in Straßenheim Aue Grab 53 oder im Hermsheimer Bösfeld Grab 416 ein Faltstuhl ins Grab gestellt. Von dem Repräsentationsmöbel blieb allerdings immer nur die eiserne Achse erhalten.

Kostbar geschmückt wurde die Herrin in einer tiefen Grabkammer beigesetzt. Im 6. Jahrhundert schlossen zwei kleine Fibeln am Hals und auf der Brust einen Umhang, während zwei große Bügelfibeln verbunden mit einem Ziergehänge das Obergewand schmückten (Abb. 15); im 7. Jahrhundert trug eine Hofherrin eine goldene Filigranscheibenfibel. Der Schmuck wurde stets eigens für sie angefertigt; sie trug ihn ihr Leben lang.

Bei der führenden Familie in Hermsheim fällt ein Hang zu skandinavischen Schmuckformen auf. Die Hofherrin aus Grab 348 trug in der Mitte des 6. Jahrhunderts ein großes Bügelfibelpaar, dessen Ornamentik mit schematisierten Bildchiffren von Tier- und Menschenköpfen dem in Skandinavien bereits im 5. Jahrhundert entwickelten germanischen Tierstil I (Abb. 16) folgt. Eine Generation später wurde für die Frau aus Grab 304 vom Hermsheimer Bösfeld ein Bügelfibelpaar mit rechteckiger Kopfplatte, Tierkopffries sowie barocker Fußplatte mit Maske nach einer im südlichen Skandinavien entwickelten Form angefertigt.

DER HOFHERR – EIN REITER

Die Gräber von Männern aus der privilegierten örtlichen Oberschicht zeichnen sich durch die Beigabe von Waffen, Reitausrüstung und Teilen der Hallenausstattung aus. In mit Metall beschlagenen Holzeimern (Abb. 14) wurde bei ihnen das Bier zu Tisch getragen. Sie selbst tranken aus Holzbechern, die von silbernen, mit germanischer Tierornamentik verzierten Pressblechen (Abb. 17) eingefasst waren. Bronzebecken zum Händewaschen spielten bei der Bewirtung von

■ Abb. 13
In Grab 348 vom Hermsheimer Bösfeld stand ein hölzerner Kasten. Auf die Vorderfront des hohen Unterteils und des darüber geklappten, niedrigeren Deckels waren mit zahlreichen Blechstiften zwei Bronzebleche genietet. Demnach war der Kasten 26,5 cm breit. Die Zierbleche waren über einen Model getrieben und sind durch Punzen verziert.

■ Abb. 14
Auf einem rezenten hölzernen Daubeneimer wurden die in Straßenheim Aue Grab 45 gefundenen eisernen Reifen, Attaschen und Henkel eines Eimers montiert. Derartige Eimer waren in den Gebieten an Maas, Rhein und Neckar weit verbreitet. In den ländlichen Siedlungen kommen sie nur in den Gräbern der jeweils vornehmsten Männer und Frauen vor. Vermutlich wurde Bier in den Eimern zu Tisch getragen.

■ Abb. 15
Die in der Mitte des 6. Jahrhunderts in Grab 348 auf dem Hermsheimer Bösfeld beigesetzte Hofherrin trug ein silbernes vergoldetes Scheibenfibelpaar in Rosettenform mit Almandineinlagen und Filigranverzierung und dazu ein silbernes und vergoldetes Bügelfibelpaar vom nordischen Typ. Das Fibelpaar wurde von einem Schmied gegossen; ob diesem die jütländischen Fibelformen und die in Südskandinavien verbreitete Phase des Tierstils I vertraut waren oder ob er nur einen fremden Model verwendete, wissen wir nicht. In ein fränkisches Machtzentrum am Rhein, etwa nach Köln, könnten Handwerker oder Modeln aus dem Norden gelangt sein.

■ Abb. 16
Ein Fries von Köpfen rahmt die rechteckigen, 4 cm breiten Kopfplatten der Bügelfibel aus Grab 348 vom Hermsheimer Bösfeld ein.
Blau: Je zwei voneinander abgewandte Profilköpfe mit langer Zunge und großem Kinnbogen sitzen in den beiden äußeren Ecken. Die gebogenen Umrandungen über den spitzovalen Augen reichen von der Nase bis in den Haarschopf. Der untere Bogen mit der Wange geht in Hals und Leib über.
Rot: In der Mitte des Frieses und in den Ecken zum Bügel hin sind insgesamt drei Tierköpfe im Profil zu erkennen, die geöffneten Kiefer beißen in ein zweisträhniges Band. Augen und Augenumrandungen unterscheiden sich nicht von denen der Menschenköpfe.
Grün: Die „Augenpaare" nahe den inneren Ecken bilden mit den beiden (blauen) Profilköpfen darunter eine nach außen blickende Maske. Zweideutigkeit war durchaus üblich.

■ Abb. 17
Der Holzbecher des Reiters aus Grab 641 vom Hermsheimer Bösfeld war am Rand mit silbernen Pressblechen beschlagen. Das umlaufende Band füllt ein enges Geflecht im germanischen Tierstil II. Die langen, von Randschienen gehaltenen zungenförmigen Bleche sind mit dreizeiligen Flechtbandschlaufen verziert, in die einzelne Tierköpfe eingestreut sind. Diese Schlaufenornamentik ist eine bei den Langobarden beliebte Variante der Tierornamentik.

Gästen eine Rolle. Wird ein Mann im Grab als Reiter und Gastgeber dargestellt, war er der Hofherr. Diese soziale Position war offensichtlich erblich und mit Grundbesitz verknüpft. Als im 8. Jahrhundert die urkundliche Überlieferung einsetzte, fallen die vielen freien Kleingrundbesitzer neben König, Kirche und Adel mit großen Besitzkomplexen auf.

Die Reiter, die selbst über zwei bis drei voll bewaffnete Gefolgschaftskrieger verfügten, dürften sich um die erfolg-

■ Abb. 18
Der im ausgehenden 6. Jahrhundert auf dem Hermsheimer Bösfeld in Grab 641 beigesetzte Reiter trug einen Gürtel mit silbertauschierter eiserner Schnalle und rundem Beschlag von beachtlicher Qualität. Er verwendete weder Gegen- noch Rückbeschlag am Gürtel, obgleich solche im letzten Drittel des 6. Jahrhunderts aufkamen und im frühen 7. Jahrhundert obligatorisch waren. Das zentrale Motiv auf dem runden Schnallenbeschlag ist ein in sich verflochtenes Leiterband, ein auf dieser Beschlagform sehr seltenes Motiv. Pilzzellen sind zu Vierpässen angeordnet und füllen den Dornschild sowie die Flächen neben den Nieten. Die wenigen Parallelen legen nahe, dass die Gürtelschnalle das Erzeugnis einer fränkischen Werkstatt ist.

■ Abb. 19
Die Handhabe, das so genannte Gefäß der 90 cm langen Spatha ①, rahmen zwei bronzene vergoldete Heftplatten, zwei kleine silberne Griffmanschetten ④ und zwei Knaufplatten. Die hölzernen Zwischenfutter sind nicht erhalten. Der aus Silber gegossene, 2,3 cm hohe und 5 cm breite Knauf ② zeigt einen pyramidenförmigen Umriss mit gerundeter Kuppe, leicht geschweiften Seiten und vier hohen Niethülsen. Bänder aus kleinen niellierten Dreiecken rahmen die Zierflächen. Die flächige silberne Tierornamentik vor dem vergoldeten Kerbschnitt-Hintergrund ist durch schwarze Niello-Einlagen betont.
Vorder- und Rückseite des Knaufes füllen zwei achsensymmetrisch angeordnete Tiere in einer für den germanischen Tierstil II typischen Kompositionsform ③. Eine Abhängigkeit der Darstellung auf dem Hermsheimer Knauf von skandinavischen Tierkompositionen ist unübersehbar. An der tiefen Kerbschnittachse in der Mitte stoßen die beiden Tiere mit ihren Rücken und Fußspitzen zusammen.
Bei beiden befindet sich der für den Stil II typische Kopf im Zentrum; das glockenförmige Maul (rot) berührt die gerade Knaufunterkante. Die große trapezförmige Backenfläche mit spitzem Kinn geht in die Augenumrandung über und setzt sich in einem Haarschopf parallel zur oberen Knaufkante fort (blau). Die äußere Ecke des Bildfeldes füllt ein mit einem Kreisauge verzierter tropfenförmiger Schenkel (violett); er ist typisch für Tierstil II; der daran anschließende Fuß mit kurzer Kralle und langem Zeh stößt an die Oberlippe. Fuß und Haarschopf sind sich auffallend ähnlich. Der stark

gebogene breite Tierleib mit niellierten kleinen Dreiecken (grün) setzt am Kopf an und führt unter dem Maul hindurch bis zum hinteren Schenkel. Der vordere Fuß (violett) liegt über dem Leib und über einem parallel zum vorderen Leib verlaufenden Band mit einem einfachen Niellostreifen, bei dem nicht sicher ist, ob er zu einem in zwei Stränge gespaltenen Leib gehört oder ob es sich um eine offene Schenkelspirale (hier violett nachgezogen) handelt.

■ Abb. 20
Im 7. Jahrhundert wurden ein bis zwei Pferde ohne Kopf jeweils in der Nähe ihres Reiters in einer eigenen Grabgrube beigesetzt. Das Zaumzeug befand sich stets im Grab des Reiters.

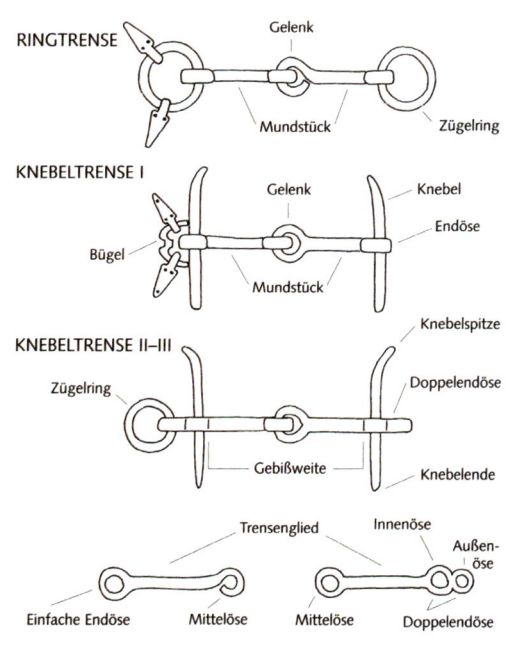

■ Abb. 21
Trensenformen der Merowingerzeit und ihre Bezeichnungen, nach Manfred Nawroth 2001.

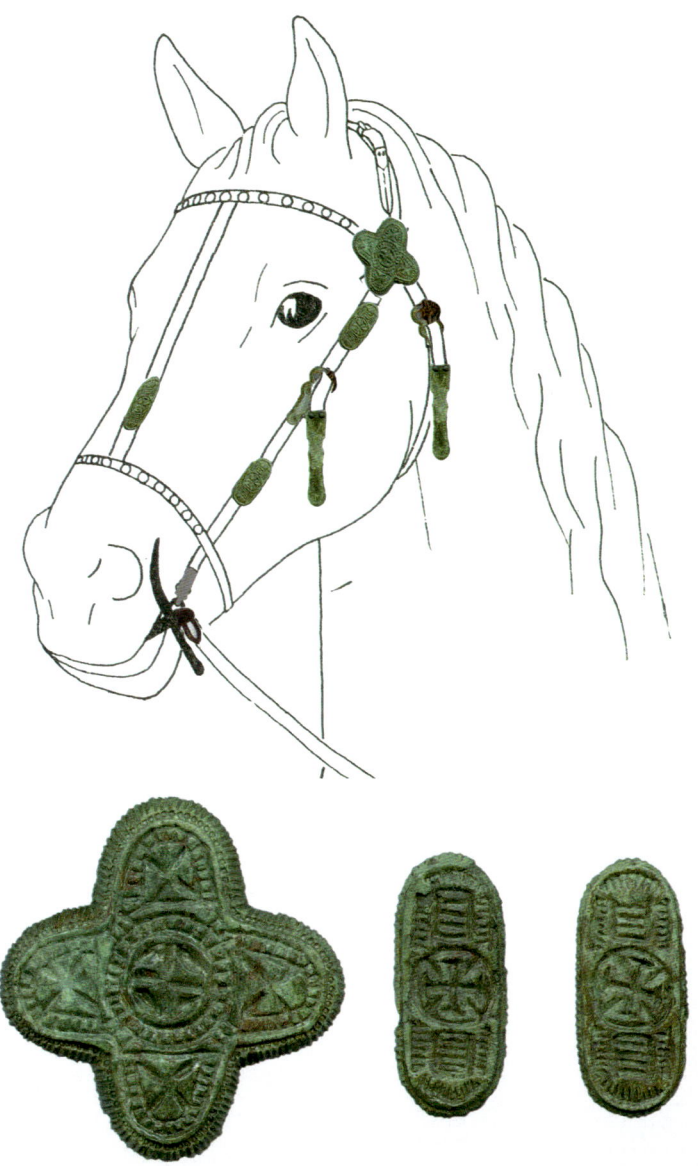

■ Abb. 22
Rekonstruktion des Zaumzeugs nach P. Paulsen 1967, verändert durch Einfügung der Beschläge aus Grab 641 vom Hermsheimer Bösfeld. Die langovalen und vierpassförmigen bronzenen Zaumzeugbeschläge sind mit gleicharmigen Kreuzen verziert und stammen mit hoher Wahrscheinlichkeit aus dem langobardischen Italien.

reichen Führer kriegerischer Unternehmungen, um *nobiles, comites, duces* und *principes*, geschart haben.

Das Schwert des früh verstorbenen Herrn in Grab 641 (Abb. 18 und 19) vom Hermsheimer Bösfeld zeichnet sich durch die außergewöhnliche Qualität der Klinge und durch einen silbernen Knauf aus. Ein fehlender Niet an der Knaufplatte verrät, dass ein Gefolgschaftsring vor der Grablegung abgenommen worden war. Zu dem silbernen Knauf mit Tierornamentik im Stil II und seitlichen Niethülsen gibt es wenige, aber von Skandinavien bis ins langobardische Italien streuende Parallelen. Die Ornamentik folgt bis ins Detail skandinavischen Vorbildern. Das Schwert könnte aus der Waffenschmiede eines aristokratischen Gefolgsherrn stammen. Aber auch die Waffenschmiede eines Königshofes wie Andernach, den Venantius Fortunatus mit Childebert II. 588 besuchte, kommt infrage. Dass sich am Hofe von Childeberts Vater Sigibert I. um 575 Leu-

■ Abb. 23
Eine Knebeltrense der Form I verwendete der Reiter aus Vogelstang Grab 409, eine Variante der Form II fand sich in Grab 641 vom Hermsheimer Bösfeld.

Die eiserne Trense aus Grab 641 war bei der Bergung bereits vollständig durchgerostet. Die Restaurierung gestaltete sich schwierig, technische Details und Schmiedespuren sind nicht mehr erkennbar. Die beiden vierkantigen Teile der Gebissstange hingen ursprünglich beweglich in runden Mittelösen; die Gebissweite betrug gut 10 cm. Die langen seitlichen Knebel sollten verhindern, dass die Gebissstange aus dem Maul rutschte. Üblicherweise steckten die Knebelstangen in Außenösen, hier wurden die Knebel mit dem Mundstück in einem Stück geschmiedet. In Verlängerung der Gebissstangen sitzen außen horizontale flache scheibenförmige Ösen mit vertikalem Loch und Eisenring für die Zügel. Zur Befestigung der Backenriemen ist an den Knebeln rechtwinklig zur Gebissstange jeweils eine breite Platte mit runder Öse zur Aufnahme der bandförmigen Zwinge ausgeschmiedet. Die wegen der starr angebrachten Knebel am Oberrhein ungewöhnliche Trensenform ist überhaupt selten. Da sie bisher nur einmal in Thüringen und dreimal in Beckum/Westfalen nachgewiesen ist, könnte sie samt Pferd aus diesen nordöstlichen Randgebieten des Frankenreiches gekommen sein. Das prächtige Zaumzeug dagegen stammt aus dem langobardischen Italien.

te aus Gotia in Skandinavien aufhielten, berichtet Gregor von Tours. Diese germanischen Eliten dürften die neue Tierornamentik vom Stil II in das Ostfränkische Reich gebracht haben. An der Heerschau, die Childebert II. 594 in Andernach abhielt, könnte der Hermsheimer Reiter aus Grab 641 teilgenommen haben.

PFERDEGRÄBER

Im 5. Jahrhundert übernahmen Elbgermanen von Völkern aus dem Osten die Sitte, während der Bestattungszeremonie für einen Reiter ein Reitpferd zu töten und es auf dem Gräberfeld beizusetzen. Donauländische Sueben brachten den Brauch in der zweiten Hälfte des 5. Jahrhunderts in die Alamannia. Den Franken waren Pferdebestattungen noch unbekannt. Dass beim Tod König Childerichs 481 eine ganze Koppel voller Pferde getötet wurde, hängt zweifellos mit seinem langjährigen Aufenthalt in Thüringen und der thüringischen Herkunft seiner Frau Basina, der Mutter Chlodwigs I., zusammen.

In den fränkischen Gräberfeldern der Rhein-Neckar-Region wies sich die soziale Oberschicht anfangs durch die Beigabe des langen Angos, durch Holzeimer oder Bronzebecken aus. Die Beigabe von Pferdegeschirr ist in Mannheim-Sandhofen mit Grab 8 bald nach der Mitte des 6. Jahrhunderts belegt; im frühen 7. Jahrhundert wurde neben dem Reiter aus Grab 26 ein Pferd beigesetzt. Auf dem Hermsheimer Bösfeld wurde im letzten Viertel des 6. Jahrhunderts dem Reiter in Grab 505 erstmals Zaum- und Sattelzeug mitgegeben. Der um 600 sehr jung verstorbene Mann aus Grab 641 war der erste Hermsheimer, für den ein Reitpferd geköpft und im Gräberfeld beigesetzt wurde. Im 7. Jahrhundert folgten den Hermsheimer Reitern dann gar zwei bis drei ebenfalls geköpfte Pferde ins Jenseits; Zaum- und Sattelzeug für ein Pferd lag stets im Grab des Reiters (Abb. 20 und 22).

Auch bei dem adeligen Herrn von Straßenheim, der unter einem Grabhügel beigesetzt war, lagen in einer Grube am Rande des großen Kreisgrabens drei Pferde.

REITAUSRÜSTUNG

Über Trensen und Zügel kommuniziert der Reiter mit seinem Pferd. Trensenformen werden nach technischen Merkmalen unterschieden (Abb. 21).

Ringtrensen haben einfache einmal gebrochene Gebissstangen, die durch Innenösen verhakt sind, während in den Außenösen große Ringe spielten, an denen Backenstücke und Zügel befestigt waren. Ringtrensen sind in Sandhofen und auf dem Hermsheimer Bösfeld für das späte 6. Jahrhundert nachgewiesen. Diese weit verbreitete Form bevorzugten die elbgermanischen Langobarden; die Alamannen kannten sie im 5. Jahrhundert nicht.

Bei Knebeltrensen mit nur je einer Außenöse in den zweiteiligen Gebissstangen – nämlich für den Knebel – hing das Riemenwerk an Bügeln, die in den Knebeln steckten. Diese Form I hat reiternomadische Wurzeln und war ab der zweiten Hälfte des 5. Jahrhunderts in der

Alamannia üblich. Die Form war langlebig; in Mannheim besaß der Reiter aus Vogelstang Grab 409 in der Mitte des 7. Jahrhunderts noch eine solche Knebeltrense.

Haben die Gebissstangen von Knebeltrensen achterförmige Enden, hingen die Zügelringe in den jeweils äußeren Ösen und nur die Backenriemen noch an den Bügeln, die in den Knebeln steckten. Diese Form II hat ihre Wurzeln im mediterranen Raum, war aber schon im frühen 6. Jahrhundert zwischen Niederrhein und Elbe bekannt. Eine Variante dieser Form verwendete der Reiter aus Grab 641 vom Hermsheimer Bösfeld (Abb. 23).

Die im 7. Jahrhundert vorherrschende Form der Knebeltrensen fand sich in Sandhofen Grab 217; sie hat ebenfalls zwei Außenösen an den Gebissstangen. In den äußeren Ösen wurden die Zügel mittels Schlaufen befestigt, während die Backenriemen eine Zweipunktbefestigung durch Steckzwingen in den Knebeln erhielten.

In Skandinavien wurden Trensen häufiger aus Eisen und Bronze im Überfangguss hergestellt; möglicherweise gelangten solche Trensen durch den Pferdehandel auf den Kontinent.

In merowingischer Zeit war es üblich, nur einen Sporn (Abb. 24) am linken Fuß zu tragen. Kleine unscheinbare Knopfsporen benutzten im 6. Jahrhundert Reiter aus dem östlich-merowingischen Gebieten zwischen Rhein, Elbe

■ Abb. 24
Der kurze Stimulus mit kleiner Zwischenscheibe ist bei dem eisernen, knapp 14 cm langen Sporn aus Grab 134 von Mannheim-Seckenheim, Hermsheimer Bösfeld, in die runde Bügelmitte eingezapft. Die stabförmigen Schenkel sind streifentauschiert, der bandförmige Fersenbogen und die breiten Schlaufenösen zeigen vor flächig tauschiertem silbernen Hintergrund ein verflochtenes Ornament im germanischen Tierstil II, die runden Zierplatten einen Vierpassknoten. Das ausgeschnittene Muster ist durch tauschierte Goldfäden betont.

Bügelsporen mit Schlaufen an den Schenkelenden sind eine typische Form des 7. Jahrhunderts, im 6. Jahrhundert waren sie nördlich der Alpen noch unbekannt. Vermutlich übernahmen die Langobarden in Italien diese Form von der byzantinischen Reiterei. Die im stilisierten Tierstil verzierten Sporen tauchten im zweiten Viertel des 7. Jahrhunderts zuerst bei den Langobarden auf. Die Sporen nördlich der Alpen wie die vom Hermsheimer Bösfeld aus dem dritten Viertel des 7. Jahrhunderts sind den langobardischen Vorkommen so ähnlich, dass eine gemeinsame Herkunft nicht auszuschließen ist.

■ Abb. 25
Sowohl in Asien als auch in Europa gab es im frühen Mittelalter bei den am Sattel befestigten runden Steigbügeln mit breiter, auf der Unterseite verstärkter Trittfläche zwei unterschiedliche Formen der Aufhängung, entweder mit einer gestielten kastenförmigen Öse oder wie bei dem Stück aus Mannheim-Vogelstang Grab 313 mit aufgebogener Öse. Das Reitergrab aus dem zweiten Viertel des 7. Jahrhunderts ist alt beraubt, daher ist unbekannt, wie der Steigbügel und die mitgeborgenen Beschläge zusammengehörten.

und mittlerer Donau, z. B. Thüringer und Langobarden. Der im 6. Jahrhundert im fränkischen Reich übliche Bügelsporn entwickelte sich im 7. Jahrhundert zu einem repräsentativen Reitutensil mit reich verzierten Schenkeln wie ein Exemplar aus dem Hermsheimer Bösfeld Grab 134 zeigt.

Steigbügel (Abb. 25) sind erstmals bei Steppennomaden im Hochaltai zur Zeit des ersten türkischen Khaganats (ab 552) nachgewiesen. In der zweiten Hälfte des 6. Jahrhundert breiteten sie sich in den Osten bis nach China und Korea aus. Weil die Awaren die Verteidigung der nordöstlichen Grenze des Byzantinischen Reiches übernahmen, fanden Steigbügel im byzantinischen Heer Eingang. Nur wenige fränkische Reiter verwendeten Steigbügel, die sie durch die Byzantiner oder Awaren kennengelernt hatten.

DIE MÄNNER IN DER FRÄNKISCHEN HOFGESELLSCHAFT

Die mit Beigaben sehr unterschiedlich ausgestatteten Gräber aus dem 6. und 7. Jahrhundert vermitteln ein detailliertes Bild der frühmittelalterlichen Gesellschaft – auch wenn sie nur in geschönter Form die Intentionen der Bestattenden spiegeln. Ebenso aufschlussreich sind die Anordnungen der Gräber, vorausgesetzt, sie lassen sich nach Generationen zeitlich gliedern. Es gab Familien, deren Männer mit Spatha, Schild, Lanze und Sax bewaffnet waren und als Gefolgschaftskrieger anzusehen sind, und Familien, deren Männer nur einzelne Waffen wie Lanze und Sax führten. Letztere waren wohl abhängige Hörige.

Hob sich eine Familie durch aufwendigen Grabbau, auffälligen Wohlstand und durch Symbole besonderer Privilegien hervor, dann handelte es sich um die Familie des Hofherrn. Ein Reiter und Hofherr verfügte über zwei bis vier voll bewaffnete Gefolgschaftskrieger. Lagen diese Krieger im Friedhofsareal des Hofherrn, ist anzunehmen, dass sie auch auf dem Herrenhof gelebt hatten. Wurden Krieger wie in Vogelstang über Generationen hinweg in einem eigenen Areal bestattet, könnte dies ihre größere Eigenständigkeit, eventuell auf einer eigenen Hofstelle, widerspiegeln.

In der Rhein-Neckar-Region war es üblich, den Hofherrn und die Hofherrin getrennt voneinander zu bestatten, offensichtlich umgeben von jeweils eigenen Angehörigen und Abhängigen. Demnach brachte eine junge Herrin die ihrem Schutz dienenden teilbewaffneten Männer aus ihrer Verwandtschaft mit in die Ehe. Auf diese Männer konnte sich der Hofherr während seiner Abwesenheit verlassen; sie schützten die Herrin und den Hof.

In jedem Gräberfeld gab es unbewaffnete Männer und solche mit einzelnen Waffen. Mit Sax und Lanze oder Sax und Axt gehörte ein Mann zwar noch zum Gesinde, hatte dort aber eine herausragende Position inne, vielleicht als Oberknecht oder Hufenbauer (Abb. 26, 27 und 28).

Wiederholt ist zu beobachten, dass ein Mann mit einem Köcher und einer größeren Anzahl von Pfeilen in der Nähe des Hofherrn beigesetzt war; er könn-

■ Abb. 26
Ursprünglich war die in Mannheim-Vogelstang Grab 44 gefundene eiserne Schnalle mit randlicher Silbertauschierung, bronzenem Zellenwerk und eingelegten Almandinen sehr kostbar; im frühen 6. Jahrhundert war sie im Besitz eines Mannes der sozialen Oberschicht. Als die Schnalle unmodern wurde und wegen ausgefallener Edelsteine an Wert verloren hatte, wurde der abgelegte Gürtel an einen Mann von geringerem Stand weitergegeben, an einen Abhängigen aus dem Gesinde.

■ Abb. 27
In Mannheim-Vogelstang Grab 44 wurde der 53 bis 59-jährig verstorbene Mann mit dem abgelegten, einst kostbaren Gürtel gegen die Mitte des 6. Jahrhunderts beigesetzt. In der Schicht des abhängigen Gesindes hatte er sicher eine herausragende Position. Er war kein Krieger, aber mit Pfeil und Bogen sowie einer Franziska ausgestattet. Die 16,5 cm lange Franziska – eine Wurfaxt – ist eine typisch fränkische Waffe der frühen Merowingerzeit.

■ Abb. 28
Am Oberrhein ist im dritten Viertel des 6. Jahrhunderts die Beigabenkombination von Grab 223 in Mannheim-Vogelstang recht ungewöhnlich. Der Mann wurde mit einem Schmalsax, einer Axt und Pfeilen beigesetzt. Zudem wurde ihm eine Schere mitgegeben, die am Rhein eigentlich nur Kriegern zustand, die mindestens mit Spatha, Lanze und Schild gerüstet waren. Die 13 cm lange Bartaxt ist ein relativ qualitätvolles Erzeugnis, sie ist sorgfältig geschmiedet und weist am Rand sogar Stempeldekor auf. Die Form kommt rechts des Rheins nur selten vor, denn sie war vor allem zwischen Seine und Maas gebräuchlich, wo die entsprechende Waffenkombination in Kriegergräbern üblich war. Wenn der Mann aus Grab 223 nach einem westfränkischen Bestattungsritus bestattet wurde, könnte er einem ostfränkischen mit Spatha beigesetzten Krieger ebenbürtig gewesen sein.

Abb. 29
In Mannheim-Vogelstang gab es in jeder Generation höchstens einen Bogenschützen am Herrenhof. Im dritten Viertel des 7. Jahrhunderts war dies der Mann aus Grab 412, dem ein Köcher mit sieben Pfeilen mitgegeben wurde. Der Bogenschütze lag – unüblich für einen Mann aus dem Gesinde – in einem Kammergrab. Zudem befand sich Grab 412 unmittelbar neben dem großen Kammergrab 409 des Reiters. Der Bogenschütze dürfte sein ständiger Begleiter gewesen und seinem Herrn auf der Jagd gefolgt sein. Das erinnert an eine Szene in der Apocalypse Valenciennes, wo einem mit der Spatha bewaffneten Mann ein Bogenschütze folgt. Da das Manuskript vor 825 datiert wird, sind die dort abgebildeten Radsporen sicher eine spätere Zutat, zumal der Bogenschütze Steigbügel verwendete, was Sporen überflüssig machte. (Bibliothèque Valenciennes MS 99 – 12v)

te dessen Jagdbegleiter gewesen sein (Abb. 29).

Germanische Grundherren siedelten einen Teil ihrer Unfreien (*servi*) auf Hofstellen (*mansi*) an. Nach den Grabausstattungen zu urteilen, waren die Familien der Hufenbauern unterschiedlich wohlhabend.

DIE FRAUEN IN DER FRÄNKISCHEN HOFGESELLSCHAFT

Die Bevölkerung in den ländlichen Siedlungen versorgte sich selbst mit Kleidung und Nahrung. Ein Hof war also ein vielseitiger Wirtschaftsbetrieb, der eine größere Zahl an Mägden und Knechten erforderte, die Teil der *familia* waren. Eine Hofherrin fand Unterstützung durch eine Wirtschafterin, die meist etwas älter war als sie selbst und die in der sozialen Hierarchie der Frauen einer Hofgesellschaft an zweiter Stelle stand. Sie trug Schmuck, der in Anzahl und Qualität nicht an den der Hofherrin heranreichte, aber sie bekam ebenfalls die Symbole ihrer besonderen Verantwortung im Haushalt mit ins Grab. Dadurch unterschied sie sich von den Frauen der Krieger. Im Grab verraten die eisernen Geräte (Abb. 30) wie Flachsbreche, Schere oder Webschwert nämlich nicht, wer die tägliche Arbeit verrichtete, sondern

■ Abb. 30
1 Flachsbreche Sandhofen Grab 83; 2 Bügelschere Vogelstang Grab 100; 3 Bügelschere Vogelstang Grab 336; 4–6 Spinnwirtel aus Ton Vogelstang Grab 96; 7 Spinnwirtel aus Knochen Sandhofen Grab 3

Während Bügelscheren in Gräbern von Männern und Knaben meist neben dem Kamm lagen und eindeutig der Haarpflege dienten, hatten sie in den Gräbern von weiblichen Personen eine gänzlich andere Funktion. Frauen und Mädchen wurden außer der Spindel mit dem Spinnwirtel auch eiserne Geräte zur Aufbereitung, Herstellung und Verarbeitung von Textilien ins Grab gegeben. Dazu gehören sehr häufig die in diesen Fällen als Tuchschere verwendeten Bügelscheren. In Straßenheim Aue Grab 43 lagen Schere und ein wohl als Webschwert dienender Eisenstab zu Füßen der Toten. In Gräbern von reicheren Frauen und Mädchen ist – oft zusammen mit der Schere – ein flaches langes Eisenstück ohne Schneide zu finden, das mit seinen zwei Fortsätzen ursprünglich in einem langen Holzstab steckte. Am Ende des Holzstabes war ein Eisenring befestigt, damit sich das Gerät, das niemals am Gürtel getragen wurde, irgendwo aufhängen ließ. Dieses Hackeisen wird als Flachsbreche bezeichnet; ob es tatsächlich dem Brechen der Flachsstängel diente, ist unbekannt.

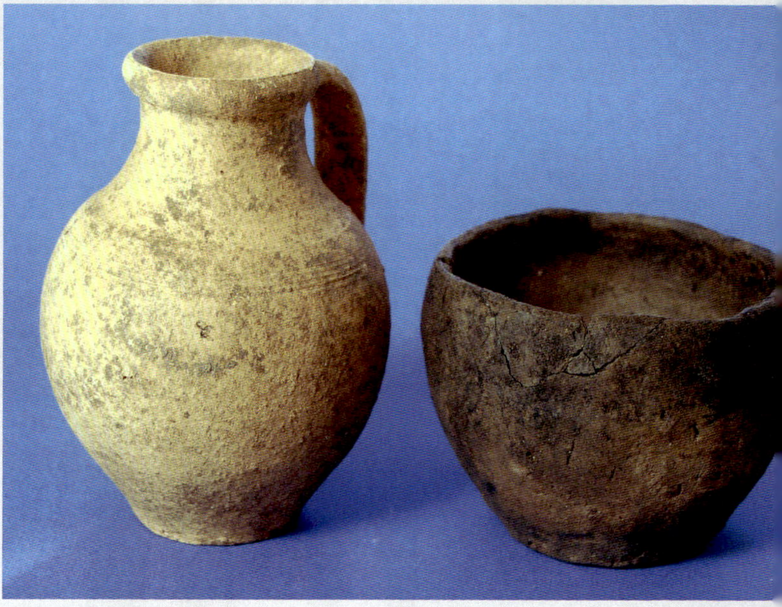

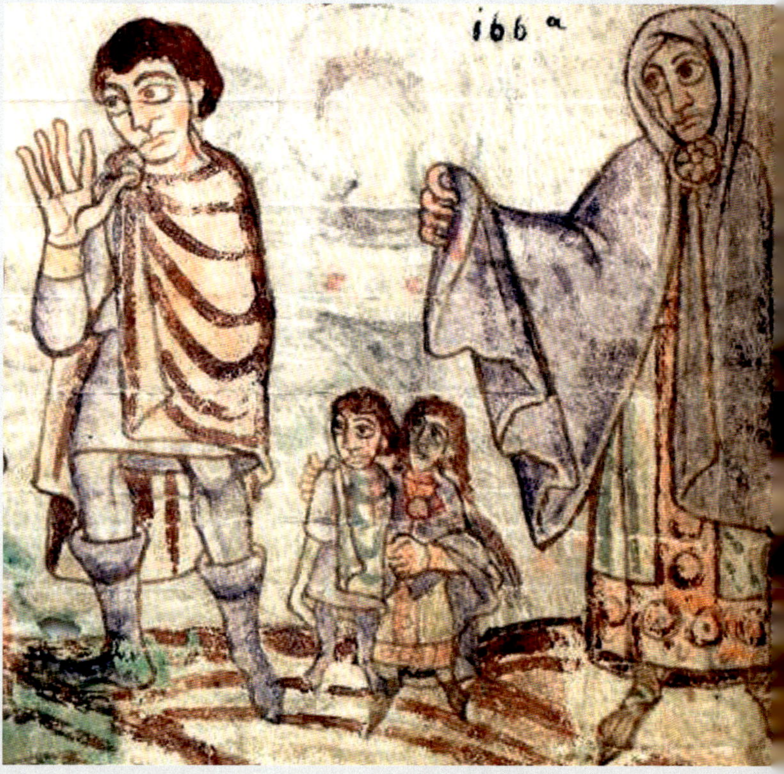
166 a

■ Abb. 31
Dem dreijährigen Kind in Mannheim-Sandhofen stellten die Hinterbliebenen Speisen ins Grab, es starb in der ersten Hälfte des 6. Jahrhunderts. Der grobwandige, freihändig geformte Napf enthielt wohl einen Brei und der scheibengedrehte oxidierend gebrannte Henkeltopf ein Getränk.

■ Abb. 32
Zwei Kinder, nämlich ein kleines Geschwisterpaar, stehen auf dem ungezählten Blatt 158 des um 820 in Nordfrankreich hergestellten Stuttgarter Psalters zwischen zwei Erwachsenen. Der Knabe trägt wie der Mann eine langärmelige Tunika und einen auf der Schulter verschlossenen Umhang; in der Haarfrisur gibt es keinen Unterschied zum Erwachsenen. Bei dem Mädchen hat die unter dem Mantelumhang hervorschauende Tunika mit langen Ärmeln den gleichen Schnitt wie die der Frau. Die Frau und das Mädchen schließen ihren Mantel jeweils mit einer runden Scheibenfibel. Es fällt allerdings auf, dass die Frau den Umhang über den Kopf gezogen hat, während bei dem Mädchen die Haare offen über die Schultern fallen. (Württembergische Landesbibliothek Cod. Bibl. fol. 23, 158 ungezählt)

wer für den Haushalt verantwortlich war, wer über die Vorräte verfügte, wer zur besitzenden Familie gehörte. Denn eiserne Geräte blieben der Hofherrin, ihren Töchtern und der Wirtschafterin vorbehalten. Während ein einzelner Spinnwirtel vielen Frauen (vereinzelt auch alten Männern) ins Grab gelegt wurde, erhielten die Hofherrin und ihre Wirtschafterin oft je zwei Spinnwirtel, häufig kleinere oder leichtere, aus Geweih gedrechselte Wirtel.

Gefolgschaftskrieger und ihre Frauen waren ein Teil der Hofgesellschaft, der *familia*. Krieger brachten von den Feldzügen so manche Kostbarkeit heim. Beute oder Sold erlaubte ihnen, wertvolles Glasgeschirr zu erwerben. Die in der Nähe der Krieger beigesetzten Frauen trugen oftmals Schmuck aus Edelmetall. Trotz ihres Wohlstandes fehlten diesen Frauen im Grab die Symbole für die Verantwortung im Haushalt. Sie unterscheiden sich in ihrer Grabausstattung also von einer Hofherrin oder deren Wirtschafterin. Wenn Krieger und ihre Frauen in eigenen Arealen bestattet wurden, ist anzunehmen, dass sie als Kernfamilien auf einer eigenen Hofstätte neben dem Herrenhof gelebt hatten.

DIE KINDER IN DER MEROWINGERZEIT

Die größte Sorge der Eltern galt der Ernährung ihrer Kinder, bis ins Grab. Besonders den Kleinsten wurden reichlich Speisen in Gefäßen (Abb. 31) mitgegeben. Holzteller sind nicht erhalten, nur Gräten von den Fischen darauf.

Wegen der geschlechtsspezifischen Ausstattungen lassen sich Gräber von Mädchen und Knaben oft unterscheiden. Mädchen trugen Perlenschmuck, seltener Fibeln. Am Gürtel, ob mit oder ohne Schnalle geschlossen, war das Gehänge mit den für die zukünftige Frau wichtigen Fruchtbarkeitsamuletten befestigt, an Bändern hingen Schlüssel, Cypraen (Schnecken aus dem Roten Meer) und Scheiben aus der Geweihrose.

Mädchen sind auf bildlichen Darstellungen des 5. bis 9. Jahrhunderts kaum zu finden. Die beiden Töchter Lots in der Basilika S. Maria Maggiore (432–440) und das Mädchen neben seinem Bruder im Stuttgarter Psalter (um 820) Blatt »158 ungezählt« (Abb. 32) sind gekleidet wie Frauen, sie unterscheiden sich von den Erwachsenen lediglich durch ihre geringere Größe und die fehlende Kopfbedeckung.

Waffen in den Gräbern von Knaben gelten als Beleg für die Zugehörigkeit zu einer privilegierten Familie. Die Waffenbeigabe beginnt im Kleinkindalter, ist in der Altersstufe der Zwei- bis Siebenjährigen aber in der Auswahl begrenzt. Meist sind es Pfeile. Wenn das Messer am oder unter dem linken Arm gefunden wird, handelt es sich um einen Kindersax, denn diese Lage entsprach der des Saxes bei den Männern.

Mit etwa sieben Jahren wurden die Kinder in die Welt der Erwachsenen eingeführt. Schere und Kamm sind in den Gräbern von Knaben dieser Altersstufe häufig zu finden; offensichtlich als Zeichen für einen ersten Haarschnitt. Knaben der Oberschicht verließen zur Ausbildung den elterlichen Hof.

LITERATURHINWEISE

Vera Brieske, Pferdegräber als Zeichen für Sachsen in Westfalen. In: Henriette Brink-Kloke, Karl Heinrich Deutmann (Hrsg.), Die Herrschaften von Asseln. Ein Frühmittelalterliches Gräberfeld am Dortmunder Hellweg (Berlin 2007) 102–108 Abb. 50 (Verbreitungskarte)

Ferdinand Broemser, Venantius Fortunatus. Andernacher Beiträge 3 (1988) 17–24

Sven Gütermann, Faltstühle in frühmittelalterlichen Gräbern. Vorkommen, Konstruktion und Bedeutung. ZAM Zeitschrift für Archäologie des Mittelalters 39 (2011) 37–107

Ursula Koch, Die Hierarchie der Frauen in merowingischer Zeit, beobachtet in Pleidelsheim (Kr. Ludwigsburg) und Klepsau (Hohenlohekreis). In: H. Brandt, J. K. Koch (Hrsg.), Königin, Klosterfrau, Bäuerin. Frauen im Frühmittelalter (Münster 1996) 29–54

Ursula Koch, Bestattungen und Grabaustattungen von Kindern – sozialgeschichtliche Aspekte zur Kindheit im frühen Mittelalter. In: H. Probst (Hrsg.), Mannheim vor der Stadtgründung I,2 (Regensburg 2007) 294–323

Ursula Koch, Ein Hermsheimer Reiter des späten 6. Jahrhunderts im Netzwerk germanischer Eliten. In: H.-J. Buderer, M. Tellenbach, S. Wichert (Hrsg.), Zukunft gestalten, Alfried Wieczorek zum 60. Geburtstag (Ubstadt-Weiher 2014) 115–124

Judith Oexle, Studien zu merowingerzeitlichem Pferdegeschirr am Beispiel der Trensen. Germanische Denkmäler Völkerwanderungszeit A 16 (Mainz 1992)

Arno Rettner, Sporen der Älteren Merowingerzeit. Germania 75 (1997) 133–157

Helga Schach-Dörges, Zum frühmerowingerzeitlichen Begräbnisplatz bei Stetten auf den Fildern, Lkr. Esslingen. Fundberichte Baden-Württemberg 29 (2007) 603–642 (zu donauländischen Trensen)

Bernhard Sicherl, Der Steigbügel aus Grab 210 von Asseln. In: Henriette Brink-Kloke, Karl Heinrich Deutmann (Hrsg.), Die Herrschaften von Asseln. Ein frühmittelalterliches Gräberfeld am Dortmunder Hellweg (Berlin 2007) 39–41 Abb. 16

MODE IM ZEITLICHEN WANDEL

MÄNNERMODE IM WANDEL – DIE GÜRTELSCHNALLEN AUS DEM 6. UND 7. JAHRHUNDERT

Von der Männerkleidung (Abb. 33 und 34) blieben in den Gräbern die metallenen Schnallen und Gürtelbeschläge erhalten (Abb. 35 und 36). Diese Accessoires waren einer rasch wechselnden Mode unterworfen. Bis in die Mitte des 6. Jahrhunderts genügte eine Schnalle aus Bügel und Dorn. Dann erhielt sie einen Beschlag und bald darauf einen Gegenbeschlag. Die Gürtel wurden zunehmend breiter. Mit weiteren Beschlägen wurden Halteriemen von Tasche, Messer- und Saxscheide am Gürtel fixiert.

Die wenigen Bildquellen aus der Merowingerzeit zeigen die Männer einheimisch keltisch-germanisch gewandet mit Hosen und einem bis zu den Knien reichenden Kittel, der lange Ärmel und einen V-förmigen oder geraden Halsausschnitt hatte. Ein Gürtel wird angedeutet.

Selten sind weitere Details zu erkennen, wie etwa die herabhängenden Riemenzungen einer vielteiligen Gürtelgarnitur bei dem auf einem Schildbeschlag von Stabio dargestellten Reiter (Abb. 37). Diese Gürtelmode des 7. Jahrhunderts wurde von byzantinischen Kriegern übernommen; auf Wandmalereien im Kloster Baowit/Ägypten sind die herabhängenden Riemenzungen ebenfalls zu erkennen.

Erst aus dem 9. Jahrhundert gibt es mehr bildliche Darstellungen. Der Zeichner des Stuttgarter Psalters dürfte um 820/30 mit älteren Vorlagen gearbeitet und die Kleidung des 8. Jahrhunderts gezeichnet haben. Hier ist der über einer Tunika getragene Umhang aus einem Rechtecktuch dargestellt, dessen Vorbild das antik-römische *paludamentum* ist.

Wadenbindengarnituren kommen erst im 8. Jahrhundert auf. Zu der Zeit wurden die Männergürtel mit unscheinbaren Schnallen geschlossen.

Metallene Schuhschnallen trugen Männer nur in Kombination mit einem Sporn.

KLEIDUNG UND SCHMUCK DER FRAUEN

Die frühmittelalterliche Frauenkleidung setzte sich aus wenigen Gewandteilen zusammen:

Das Untergewand (*tunica* oder *camisia*) war einteilig.

Das Obergewand (*tunica dalmatica*) reichte bis zu den Knöcheln. Ob es – wie z. B. ein orientalischer Mantel – vorne offen geschnitten war, ist umstritten; in jedem Fall wurde es vorne geschlossen getragen.

Der Mantelumhang (*palla trabea*) wurde mit Schlaufen und Bändchen über der Brust geschlossen, dazu kamen im 6. Jahrhundert zwei kleinere Fibeln, im 7. Jahrhundert eine Scheibenfibel. Die *palla* verlangte aber nicht zwingend einen Fibelverschluss.

Mit maximal vier Fibeln schmückten sich im 6. Jahrhundert die wohlhabenderen Frauen, wobei sie erst ein Kleinfibelpaar (Abb. 38), im späten 6. Jahrhundert eine einzelne Scheibenfibel mit einem größeren Bügelfibelpaar kombinierten. Die Bügelfibeln mit ihren Ziergehängen steckten zunächst in Höhe des Gürtels

■ Abb. 33
Ein Mann mit Hörnerhelm und zwei Lanzen ist auf einem angelsächsischen Schnallenbeschlag aus Finglesham in Kent Grab 95 abgebildet. Die Wiedergabe der Kleidung ist auf einen Gürtel mit großer Schnalle reduziert, der ist allerdings deutlich markiert. So wird hier eindrucksvoll auf die Bedeutung, die dieses Kleidungszubehör für den Mann im frühen Mittelalter hatte, hingewiesen. Da es keine Uniformen gab, entsprach der fränkische Gürtel offensichtlich dem römischen *cingulum*.

■ Abb. 34
In dem um 820 in Nordfrankreich entstandenen Stuttgarter Psalter trägt der Mann unter seinem Mantelumhang eine langärmelige kurze Tunika. Ob der Gürtel eine Schnalle hatte oder nur geknotet war, bleibt offen. Deutlich sind die unter den Knien beginnenden und in die hohen Schuhe hinabreichenden Wadenbinden zu erkennen. (Württembergische Landesbibliothek Cod. Bibl. fol. 23, 148r)

■ Abb. 35
Eine der ersten Gürtelgarnituren, bei denen die Schnalle mit einem Beschlag versehen wurde, trug der mit einem Ango ausgestattete Krieger aus Grab 321 vom Hermsheimer Bösfeld; er gehörte in der Mitte des 6. Jahrhunderts zur örtlichen Oberschicht. Die Schilddornschnalle und der lose angefügte trianguläre, 6,5 cm lange Beschlag sind aus Zinnbronze (Potin) gegossen. Eine Lasche zur Fixierung des Beschlags an der Schnallenachse fehlt noch. Von den drei Nieten mit breitem Ösenstift ist nur der hintere noch vorhanden. Der Beschlag ist mit feinen Gravurstichen durch einen gezahnten Stichel verziert.

■ Abb. 36
In dem beraubten Grab 176 von Mannheim-Sandhofen blieben von einer mehrteiligen Gürtelgarnitur die Schnalle mit Beschlag und der Gegenbeschlag erhalten. Die Silbertauschierung wurde auf dem Schnallenbeschlag, Schnallenbügel und Dornplatte freigelegt, auf dem Gegenbeschlag ist sie von mineralisierten Textilresten überdeckt. Ein dichtes Leiterflechtband, das weder in sich geschlossen noch symmetrisch angebracht ist, wird von zwei Köpfen mit Raubvogelschnäbeln gerahmt; der Hintergrund ist flächig mit Silberfäden ausgelegt. Um Zellendekor handelt es sich auf dem rechteckigen Bügel, die Seiten sind mit Leiterbandflechten verziert. Da die Tauschierung monochrom ist, wurde die Garnitur noch in der ersten Hälfte des 7. Jahrhunderts angefertigt. Der Krieger, ein Veteran mit verheiltem Schlüsselbeinbruch, starb etwa fünfzigjährig im dritten Viertel des 7. Jahrhunderts. Nach der Tauschierung zu urteilen, wurde der Gürtel ursprünglich wie üblich verschlossen, die Auflage für die Dornspitze blieb nämlich unverziert. Nur ins Grab gelangte die Schnalle mit einem – jetzt festgerosteten, senkrecht aufgerichteten – umgedrehten Dorn, der nach hinten kippt und mit seiner Spitze auf dem Beschlag liegen würde.

und rutschten mit zunehmender Größe immer tiefer. In Gräbern aus der zweiten Hälfte des 6. Jahrhunderts wurden sie zwischen den Oberschenkeln gefunden (Abb. 40 und 41).

Da die Kleidung ohne metallenes Zubehör tragbar war, handelte es sich sowohl bei den kleineren Fibeln am Halsausschnitt wie bei den großen, im Bauchbereich oder tiefer getragenen Bügelfibeln um Schmuck.

Im 7. Jahrhundert besaßen nur wenige Frauen außer einer mit einem Brustgehänge kombinierten Scheibenfibel (Abb. 47) noch eine oder zwei der nun außerordentlich großen Bügelfibeln. Dafür wurde nun Ringschmuck an Ohren, Armen und Händen modisch (Abb. 42, 43 und 44).

In die Haare geflochtene Bänder, wie bei einer Frau im Stuttgarter Psalter (fol. 23, 58r) zu erkennen, sind nicht erhalten; vereinzelt steckte eine Nadel die Flechten fest.

Perlen aus farbigem Glas und Bernstein auf einem einzelnen Strang, an einer Halskette oder an einem mehrreihigen Collier (Abb. 39, 45 und 46) schmückten den Oberkörper. Scheibenfibeln oder die kleinen zoomorphen Fibeln konnten mit einem Perlenstrang verbunden sein.

Der Gürtel (*cingulum*) wurde in Austrien im 6. Jahrhundert verdeckt getragen, vermutlich unter einem Stoffbausch, denn die Gürtelschnalle war noch kein Schmuckelement; oft wurde ein alter Männergürtel wiederverwendet. Im 7. Jahrhundert kommen Schnallen mit

■ Abb. 37

Der auf einem Schildbeschlag aus Stabio im Tessin dargestellte langobardische Reiter trägt einen Gürtel mit kleinen Beschlägen und vielen herabhängenden Riemen. Einen ebensolchen Gürtel besaß der Reiter aus Mannheim-Vogelstang Grab 409.

Auf dem Leibgurt waren die kurzen zungenförmigen Beschläge mit jeweils zwei Ösen auf der Rückseite befestigt. Die Beschläge markieren die Stellen, an denen Riemen herabhingen. Ein Teil der Riemen diente der Zierde; sie endeten in angenieteten Riemenzungen. Andere Riemen trugen Tasche, Messeretui oder Saxscheide.

Die eiserne Garnitur aus Grab 409 ist tauschiert. Silberfäden sind dicht an dicht aufgelegt und bilden den flächigen Hintergrund, das Ornament im Tierstil II blieb ausgespart und ist durch tauschierte Messingfäden betont.

Ein Teil der 1966 geborgenen Gürtelgarnitur war unrestauriert aufbewahrt worden. Hier haben sich Reste von Textilien erhalten, die von der Kleidung und von Kissen, die mit Federn gefüllt waren, stammen. Um diese Befunde zu erhalten, wurde in einigen Fällen auf die Freilegung der Tauschierung verzichtet; diese Stücke sind nach Röntgenaufnahmen abgebildet. (Schildbeschlag von Stabio aus Museum Bern)

■ Abb. 38
Auf dem Obergewand der Frauen steckten im 6. Jahrhundert zwei kleine Fibeln untereinander am Hals und auf der Brust. Unter den kleinen Schmuckstücken aus den Gräbern vom Hermsheimer Bösfeld gab es Vogelfibeln in Grab 416 (1) und S-förmige Fibeln in Grab 267 (2). In Kerbschnitt gearbeitete scheibenförmige Fibeln besaß die Frau in Grab 403 (3). Ein Almandinscheibenfibelpaar mit filigranverzierter Mitte stammt aus Straßenheim Aue Grab 43 (5). In der zweiten Hälfte des 6. Jahrhunderts wurden Almandinscheibenfibeln häufiger einzeln getragen, wie in Altlußheim das Stück mit einem Pressblech in der Mittelzelle (6); dabei kommt es vor, dass ein älteres Stück verwendet wurde wie bei der ganzflächig mit Almandinen belegten einzelnen Scheibenfibel in Grab 281 vom Hermsheimer Bösfeld (4).

■ Abb. 39
Die in Grab 267 vom Hermsheimer Bösfeld beigesetzte adulte Frau trug eine Vier-Fibel-Tracht und war mit Perlen aus Glas und Bernstein geschmückt. Die einzelnen Doppel- oder Drillingsperlen aus farblosem Überfangglas gehören in diesem Ensemble zu den älteren Formen, sie sind typisch für das späte 5.und frühe 6. Jahrhundert. Modisch sind ab dem zweiten Viertel des 6. Jahrhunderts die gedrückt kugeligen gelben und rotbraunen Perlen aus opakem Glas. Während für die dicht um den Hals hängenden Ketten die kleinen Perlen gewählt wurden, befanden sich die großen, mehrfarbigen oft an einem Perlenstrang, der entweder von der Schulter herabhing oder von einer Fibel getragen wurde. Sie konnten als Prunkperlen die Mitte einer Halskette einnehmen. Im Bösfeld wurden Knochen und Funde in den Grabkammern durch einströmendes Wasser verschoben, sodass die Zusammenhänge hier nicht mehr erkennbar waren.

Beschlag vor, die wohl – wie bei den stärker romanisierten westlichen Fränkinnen – sichtbar getragen wurden.

Typisch germanisch sind Gehänge. Während Fibeln Zier- oder Amulettgehänge trugen, war das am Gürtel auf der linken Seite befestigte und bis zu den Knöcheln herabreichende, wegen einiger Metallteile oft klappernde Gehänge mit Tasche, Geräten und Amuletten bestückt.

Wadenbinden hielten die um die Beine gewickelten Strumpftücher fest; sie blieben jedoch verdeckt vom Obergewand. Dennoch wurden sie im 7. Jahrhundert zunehmend mit metallenen Beschlägen und Riemenenden (Abb. 48) versehen, die allenfalls in Knöchelhöhe unter dem Saum hervorblitzten. Die Füße steckten in Bundschuhen.

Zweifellos brachte eine Frau im frühen Mittelalter ihre soziale Identität durch Kleidung zum Ausdruck, nämlich durch die Qualität der – selten nachweisbaren – Textilien sowie durch die metallenen Accessoires. Im 6. Jahrhundert trugen wohlhabende Frauen silbernen Fibelschmuck. Im 7. Jahrhundert wurde für alle Accessoires überwiegend Messing verwendet (üblicherweise, aber unkorrekt, als Bronze bezeichnet). Schmuck aus Silber oder Gold blieb den Frauen der Oberschicht vorbehalten.

■ Abb. 40
Das 13,5 cm lange, aus Silber gegossene, üppig profilierte und verzierte Bügelfibelpaar mit reichem Spiralhakendekor aus Grab 304 vom Hermsheimer Bösfeld steht in der Formentradition nordischer Fibeln. Diese waren im östlichen Frankenreich seit der Mitte des 6. Jahrhunderts sehr beliebt und wurden dann in einheimischen Werkstätten nachgeahmt. Dem Paar aus Grab 304 sehr ähnliche Stücke sind von Köln bis Pannonien verbreitet. Die Fibelform gelangte 568 bei der Abwanderung der Langobarden von Pannonien nach Italien gleich mehrfach nach Cividale im Friaul.

■ Abb. 41
Die großen, an Drahtringen hängenden Bernsteinperlen aus der ersten Hälfte des 6. Jahrhunderts wurden in dem alt geplünderten Grab 89 von Mannheim-Vogelstang gefunden; sie waren ursprünglich Teil eines Ziergehänges.
Von der langobardischen Mode beeinflusst sind die Bänder mit silbernen Doppelbeschlägen der jüngeren Frau aus dem Doppelgrab 189 von Mannheim-Vogelstang. Das im zweiten Viertel des 6. Jahrhunderts stets von Bügelfibeln getragene Gehänge endete in diesem Fall mit zwei großen Perlen aus Meerschaum und Bernstein.

■ Abb. 42
In der vor 820 in Nordfrankreich entstandenen Apocalypse Valenciennes sitzt die ungläubige »Hure Babylon« auf einem Fabeltier. Sie ist mit kurzen und langen Perlenketten reich geschmückt. Ähnlich umfangreiche Perlenketten trugen die Frauen im östlichen Teil des Merowingerreiches in der Mitte des 7. Jahrhunderts, und zwar nur diejenigen, die im Gegensatz zur romanisierten Bevölkerung im Westen und Süden des Frankenreiches an den germanischen Trachtsitten festhielten. Dass hier tatsächlich ein Schmuckensemble aus dem 7. Jahrhundert als Vorlage gedient haben könnte, zeigen die Ohrringe der Frau, sie ähneln sehr den dreieckigen Klapperblechen eines in der Mitte des 7. Jahrhunderts beliebten Ohrringtyps.
Das bronzene Ohrgehänge aus Drahtring mit Schlaufe, einem eingehängten dreieckigen Klapperblech und drei Anhängern, das die Frau aus Vogelstang Grab 15 im dritten Viertel des 7. Jahrhunderts trug, hat eine Länge von 8,1 cm. (Bibliothèque Valenciennes MS 99–31)

■ Abb. 43
Im 6. Jahrhundert war Ohrschmuck in der Region an Rhein und Neckar nicht üblich, erst im 7. Jahrhundert entwickelte sich eine abwechslungsreiche Ohrringmode. Paarweise getragene Ohrringe mit Polyederenden, mit aufgeschobenen Polyedern oder Perlen und oft mit klappernden Anhängern waren sehr beliebt. Überwiegend war der Schmuck aus Bronze beziehungsweise Messing angefertigt; Silberschmuck konnten sich nur wenige Frauen in den ländlichen Siedlungen leisten.

Die kugeligen und beerenförmigen Anhänger nach byzantinischen Vorbildern kommen erst im späten 7. Jahrhundert hinzu und blieben dann im 8. Jahrhundert modisch. Der Ohrring von Straßenheim (4) stammt dann nicht mehr aus einem Grab, sondern ging in der Siedlung verloren.

1 Mannheim-Vogelstang Grab 312
2 Schwetzingen Grab 4/1966
3 Mannheim-Seckenheim, Hermsheimer Bösfeld Grab 759
4 Straßenheim

■ Abb. 44
Auch an den Händen war Ringschmuck im 6. Jahrhundert nicht üblich. Nur einem zweijährigen Mädchen aus vornehmem Hause war im zweiten Viertel des 6. Jahrhunderts ein bronzener Fingerring mit hoher zylindrischer Fassung (1) ins Grab gelegt worden. Es kann sich um ein älteres Stück handelt, denn in der hohen Fassung steckte eine blaue leicht gedrückte Glaskugel, bei der es sich um den Anhänger einer blauen Bommelperle aus dem 4. Jahrhundert handelt; die Stelle, an der der zylindrische gelochte Teil an die Kugel angeschmolzen war, ist noch erkennbar.
Zeitlos sind die einfachen Bronzeringe (6), die aber nur bei eindeutigem Befund als Fingerring anzusprechen sind, denn Bronzeringe wurden auch am Gehänge befestigt. Die Ringe mit einer Schmuckplatte stammen fast alle aus Gräbern des 7. Jahrhunderts. Aus Silberdraht spiralig aufgewickelt sind die Schmuckplatten von zwei Fingerringen aus den Gräbern von Mannheim-Vogelstang; einer war vor 650 in Grab 306 einem zehn- bis elfjährigen Kind mitgegeben worden, der andere in Grab 354 gehörte im späten 7. Jahrhundert einer adulten Frau. Eine typische Verzierung bei Fingerringen sind drei Kügelchen beiderseits der Schmuckplatte wie bei dem silbernen Fingerring mit blauem Glasstein (7) vom Hermsheimer Bösfeld.

1 Mannheim Vogelstang Grab 153
2 Oftersheim; 3 Vogelstang Grab 306
4 Vogelstang Grab 354
5 Vogelstang Grab 61
6–7 Hermsheimer Bösfeld Grab 758

■ Abb. 45
Der reiche Perlenschmuck aus dem Hermsheimer Grab 758 zeigt, dass die Frau im zweiten Viertel des 7. Jahrhunderts die Farben Weiß, Orange und vor allem Dunkelrotbraun bevorzugte. Die einzelnen Perlen sind auffallend groß, und auffallend zahlreich sind die mehrfarbigen Stücke, die in der Regel vielschichtig verziert sind und mehrere Farbauflagen aufweisen.

■ Abb. 46
Eine kurze Kette am Hals und drei weit über die Brust herabhängende lange Ketten schmückten die Hermsheimerin aus Grab 474 im dritten Viertel des 7. Jahrhunderts. Metallschmuck besaß sie nicht, nur eine einfache Gürtelschnalle.
Die Perlen wurden im Block geborgen und später nach Fundlage aufgefädelt. Gelbe kleine Perlen überwiegen im Halsbereich. Bläulichgrüne und weiße Farben dominieren die langen Ketten; zusammen mit Rotbraun ergibt sich ein abwechslungsreiches Farbbild. Die polychromen Perlen fallen darin kaum auf. Sie sind zweifarbig, haben also immer nur eine Auflage. Zudem zeigen sie entweder ein einfaches Muster, nämlich Punkte, oder das im 7. Jahrhundert sehr beliebte Flechtband. Bei allen Perlen dieser Kette handelt es sich um Massenware.

■ Abb. 47
Im 7. Jahrhundert steckte bei allen Frauen, die sich Schmuck leisten konnten, eine Scheibenfibel unter dem Kinn. Die Frauen der Krieger trugen eher eine eiserne silbertauschierte Scheibenfibel wie in Vogelstang Grab 443, eine Hofherrin dagegen war mit einer goldenen Scheibenfibel mit Filigrandekor und Steineinlagen geschmückt wie in Grab 778 vom Hermsheimer Bösfeld. Im späten 7. Jahrhundert waren Scheibenfibeln mit Pressblechscheiben obligatorisch, zum Beispiel im Hermsheimer Bösfeld Grab 840. Die im Stuttgarter Psalter um 820 dokumentierte Frauentracht kennt immer noch die einzelne Scheibenfibel am Mantelumhang unter dem Kinn. (Württembergische Landesbibliothek Cod. Bibl. fol. 23, 41v)

■ Abb. 48
Im 7. Jahrhundert sind im Merowingerreich die Wadenbindengarnituren mit zahlreichen klappernden Riemenzungen, wie in Vogelstang Grab 348, ein weiterer typischer Trachtbestandteil der Frauen. Die Riemenbeschläge sind reich verziert, obgleich sie nur wenig unter dem Rocksaum hervorblitzten. Doch müssen wir davon ausgehen, dass nicht nur das Klappern böse Geister vertreiben sollte, sondern dass die Frauen auch an die apotropäische Wirkung von Ornamenten – ob Tierornament oder Flechtband – glaubten.

Glaube und Magie

DIE ANFÄNGE DES CHRISTENTUMS

Die Franken fanden innerhalb des einstigen römischen Reiches eine gut organisierte Kirche vor. In jeder *civitas* gab es einen Bischof, dem der gesamte Bereich der sozialen Fürsorge oblag. Die Verchristlichung der Gesellschaft stand jedoch erst in den Anfängen.

Nach der Taufe Chlodwigs I. wurde die Reorganisation der Kirche an Maas, Mosel und Rhein eine vordringliche Aufgabe der Merowinger. Theuderich I. begann in Trier. Er ließ Kleriker aus der Auvergne und dem Limousin kommen und erhob 526 Nicetius zum Bischof, der die Trierer Kirche bis 566 regierte. Unter Theudebert I. (533–547) wurden Straßburg, Mainz und Köln wieder mit Bischöfen besetzt. Venantius Fortunatus schrieb im Jahre 566 ein Lob der rheinischen Bischöfe Arbogast, Sidonius und Carentinus.

Um 600 n. Chr. waren die Bistümer am nördlichen Oberrhein alle besetzt, denn unter den 75 Bischöfen auf der von Chlothar II. 614 nach Paris einberufenen Synode befanden sich Berthulfus aus Worms und Hildericus aus Speyer.

Eine wichtige Rolle bei der Christianisierung der Franken spielten die von Columban und anderen irischen Mönchen ab 590 mit Unterstützung des Adels gegründeten Klöster. Metz, die Hauptstadt des ostfränkischen Reiches, erhielt im 7. Jahrhundert sechs neue Klöster. Die Gebiete abseits der städtischen Kultur

■ Abb. 49
Ein gleicharmiges achtspitziges Kreuz – ähnlich dem Malteserkreuz – findet sich auf allen bronzenen Beschlägen des Zaumzeugs aus Grab 641 vom Hermsheimer Bösfeld. Es geht auf byzantinische Formen zurück und wurde im späten 6. Jahrhundert in Italien gegossen.
Bei dem eingravierten gleicharmigen Kreuz auf dem bronzenen vergoldeten Nietkopf könnten die insgesamt acht Kreise neben den Kreuzenden ähnliche Bedeutung gehabt haben wie die acht Spitzen des Malteserkreuzes, also auf die acht Seligpreisungen der Bergpredigt hinweisen. Gefunden wurde der Schildniet in dem stark beraubten in die Mitte des 7. Jahrhunderts datierten Grab 22 der kleinen Nekropole von Straßenheim. Er gehörte zu einem aus dem langobardischen Italien stammenden Schildbuckel mit bronzener Kuppenzier.

und abseits der Machtzentren, also den Raum östlich von Mosel und Rhein, erreichte erst die im späten 7. Jahrhundert einsetzende angelsächsische Missionswelle. Sie war von Mönchen wie Willibrord und Bonifatius geprägt, die politisch an die aufsteigenden Karolinger gebunden waren.

Auf christliche Symbole, besonders auf Produkten aus dem mediterranen Raum, stießen die Menschen im Merowingerreich bereits im 6. Jahrhundert. Zentrales Symbol war das Kreuz in vielerlei Gestalt (Abb. 49 und 50). Der in Gallien im späten 6. Jahrhundert häufiger verwendete Salomonsknoten (Abb. 51 und 52) aus zwei zusammengesteckten Ovalen ist seit der Spätantike ein beliebtes Motiv in der Architektur und im gesam-

■ Abb. 50
Wo der im dritten Viertel des 7. Jahrhunderts unter einem Grabhügel bestattete vornehme Reiter das nur 2,2 cm lange lateinische Kreuz als schützendes Symbol befestigt hatte, ist unbekannt, denn Grab 30 von Straßenheim war vollständig durchwühlt.

■ Abb. 51
In Rheinhessen und am nördlichen Oberrhein wird der Salomonsknoten seit der Mitte des 7. Jahrhunderts immer beliebter. Unterschiedliche Vierpassknoten befinden sich auf den Quadratbeschlägen und Riemenzungen einer Wadenbindengarnitur aus Hockenheim.

■ Abb. 52
Der spätmerowingische Brakteatenschmuck ist durchweg christlich geprägt. Den Salomonsknoten zeigt ein mit einer Öse versehenes, als Anhänger verwendetes Pressblech aus Grab 587 vom Hermsheimer Bösfeld.

65

ten Mittelmeerraum in den Mosaikböden christlicher Kultbauten zu finden. Er kann auf Schnallen und Schmuckstücken andere christliche Zeichen, z. B. Christusköpfe, ersetzen; daher ist anzunehmen, dass er wohl selbst als christliches Symbol verstanden wurde.

Der Adler ist das Symbol des Evangelisten Johannes und ein altes Herrschersymbol, das über den Kaiserkult auf Christus als Herrscher überging. In diesem Sinne steht der Adler über dem Kreuz (Abb. 53).

Doch erst ab der Mitte des 7. Jahrhunderts brachten die Frauen der sozialen Ober- und Mittelschicht hier auf den regional typischen Kleidungsaccessoires ihr christliches Bekenntnis durch Bildträger zum Ausdruck. Die beiden vornehmen Frauen aus Grab 428 vom Hermsheimer Bösfeld (Abb. 54) und Grab 5/1966 von Schwetzingen (Abb. 55 und 56) zeigten in der zweiten Hälfte des 7. Jahrhunderts gleich mehrere dieser kreuz- und knotenförmigen Symbole auf ihrem Metallschmuck.

SCHRIFT UND SCHRIFTVERWENDUNG: RUNEN

Die im frühen Mittelalter gebräuchliche Runenreihe, das Futhark, weist 24 Zeichen auf, jedes Zeichen hat einen Lautwert und einen Begriffswert, der mit dem Lautwert der jeweiligen Rune beginnt. Runen wurden zu unterschiedlichen Zwecken genutzt. Profane alltägliche Mitteilungen, wie die Angabe des Herstellers, Besitzers oder Schenkers eines Gegenstandes, stehen dabei im Vordergrund; daneben treten magische oder kultische Botschaften auf. Sprachliche Äußerungen dauerhaft in Metall graviert erhielten in jedem Fall Gewicht.

Die Runenschrift tauchte in Skandinavien bereits im späten 2. Jahrhundert auf und galt als Schöpfung Odins. Sie blieb dort bis in die Neuzeit gebräuchlich. Zu den Elbgermanen gelangte die Kenntnis dieser Schrift bereits im 3. Jahrhundert. In den Siedelgebieten von Alamannen und Franken sind Runen jedoch vor dem 6. Jahrhundert nicht nachzuweisen. Hier erscheinen sie erst nach dem Fall des Thüringerreiches 531, als die Kontakte in den Norden intensiver wurden. In den alamannischen Gebieten östlich des Schwarzwaldes hielt sich der Brauch, Runen in Schmuckstücke und andere Gegenstände einzuritzen, bis um 600, also kaum länger als zwei Generationen. Aus fränkischen Gräbern sind bisher nur wenige Vorkommen verzeichnet, meist sind sie auf kostbaren Bügelfibeln aus der zweiten Hälfte des 6. Jahrhunderts zu finden.

In der Mitte des 7. Jahrhunderts, als die Frau aus Grab 938 vom Hermsheimer Bösfeld starb, auf deren Amulettkapsel drei Namen in Runen geritzt waren, sind diese Schriftzeichen auf dem Kontinent bereits wieder sehr selten (Abb. 57 und 58).

Die Frau hatte ihren Schmuck, die Scheibenfibel samt dem daran befestigten Gehänge mit der zylindrischen Kapsel, vermutlich aus ihrer etwa zwei Tagereisen entfernten rheinhessischen Heimat an den Neckar mitgebracht. Die Kapsel hatte bei fehlendem Deckel längst ihre Funktion als Behältnis verloren. Da die drei Personen, deren Namen auf dem mit

■ Abb. 53
Der Adler ist ein beliebtes Motiv auf Brakteatenschmuck. Das Motiv wurde offensichtlich häufig und flüchtig kopiert, so dass es mit ungeübten Augen oft kaum noch erkennbar ist. Auf der Pressblechscheibenfibel aus Heddesheim blickt der extrem schlanke Vogel wie üblich rückwärts, Füße sind nicht vorhanden, doch deutlich erkennbar sind das Auge und ein Raubvogelschnabel, der an ein nur schwach angedeutetes lateinisches Kreuz stößt.

■ Abb. 54
Bei der repräsentativen, 6 cm großen Goldscheibenfibel aus Grab 429 vom Hermsheimer Bösfeld wurde das 5 mm hohe goldene Deckblech über modellierter weißlicher Kittmasse mit vier bronzenen Nieten auf der dünnen bronzenen Grundplatte fixiert. Ein tordierter Golddraht fasst den unteren Rand des Deckbleches ein. Ein randlich sitzendes – und kaum erkennbares – Tierornament ist eingepresst. Ohne Verlötung sind die Goldfassungen aufgesetzt, vier runde und vier kleine tropfenförmige für transluzid rot schimmernde Glassteine (Almandine?) und vier rechteckige und vier dreieckige für leicht bläulich grüne Glassteine. Das Blech der Fassungen ist jeweils über die Steine gebördelt und an den Ecken gefaltet. In dem hohen Goldzylinder in der Mitte steckt ein bräunlicher Glasstein. Eingestreut sind die aufgelöteten extrem dünnen Filigranringe aus tordiertem Draht. Die kreuzförmige Anordnung der Steinauflagen war im christlichen Sinn beabsichtigt. Die Fibel trug das mit einem Kreuz abschließende Brustgehänge.

■ Abb. 55
Der Wunsch zur Kreuzdarstellung führte bei den Goldscheibenfibeln letztlich zur Vierpassform, wie bei der Fibel in Schwetzingen Grab 5/1966. Bei der 4,8 cm weiten Goldscheibenfibel ist das hohe Deckblech aus hellem Gold mit hoch getriebenen Kreuzarmen durch vier Silberniete mit halbkugeligen – blau korrodierten – Köpfen sowie weitere Bronzeniete unter den runden Fassungen auf einer bronzenen Grundplatte fixiert. Das Seitenblech ist von einem stärkeren Spiraldraht eingefasst. Vier keilförmige Fassungen sind in Kreuzform um eine runde Mittelzelle angeordnet; in den vier Ecken befinden sich vier runde und am Rand jeweils dazwischen vier quadratische Fassungen. Die runden Einlagen bestehen aus farblosem Glas auf bräunlichem – ursprünglich eher weißem – Kittbett, die quadratischen und keilförmigen Einlagen aus gelbgrünem Glas.

67

■ Abb. 56
Die Kreuzanhänger bringen noch deutlicher als die Goldscheibenfibeln die christliche Gesinnung ihrer Trägerinnen zum Ausdruck. An der vierpassförmigen Scheibenfibel in Schwetzingen Grab 5/1966 hing ein Pektorale, das mit einem auf einer Seite verzierten Kreuz mit laschenförmiger Öse in einem geknoteten Drahtring endete.

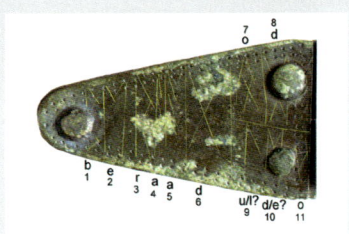

■ Abb. 57
Das Grabungsfoto zeigt den Befund in Grab 938 vom Hermsheimer Bösfeld. Das an einer eisernen Scheibenfibel befestigte Pektorale, ein mit Metallplättchen beschlagenes Band, endet mit einer zylindrischen Kapsel, die nur auf einer Seite noch eine runde Bodenplatte hatte.

■ Abb. 58
Auf dem an der Kapsel befestigten 4 cm langen Blech sind drei Personen mit ihren Namen in Kurzform in Runenschrift genannt. In einer Zeile von der Spitze her stehen zunächst die Runen b e r a a d, dann folgen nach einem Trennstrich in einer kurzen Reihe oben zwei Runen o d, und in einer Zeile darunter drei Runen u d o, wobei die Lesung hier nicht ganz eindeutig ist. (Lesung der Runen Klaus Düwel und Robert Nedoma)

der Kapsel verbundenen Blech in Kurz- oder Lalform in Runen geritzt waren, einander zweifellos nahe standen, war die Kaspel in Erinnerung an die beiden genannten Männer – Ado und Dudo – zum Amulett geworden. Bera dürfte die Besitzerin selbst gewesen sein.

SCHRIFT UND SCHRIFTVERWENDUNG: BUCHSTABEN

Lateinische Buchstaben waren im frühen Mittelalter Verzierung. Besonders deutlich zeigen dies die in der spätantiken mediterranen Welt beliebten Monogramme auf Fingerringen, Gürtelzubehör oder Architektur.

Die in der Mitte des 6. Jahrhundert angefertigte Schnalle aus Schwetzingen Grab 1/1966 (Abb. 59) gehört zu den ältesten Zeugnissen für Monogrammverwendung im Merowingerreich. Ähnliche Monogramme sind von Münzen der Ostgotenkönige bekannt, nur von Heldebadus (541–540) gab es bisher noch keines, denn er regierte zu kurz, um sich in den Besitz einer Münzstätte zu bringen.

Lateinische Inschriften hatten einen repräsentativen öffentlichen Charakter und wurden schon vom Hersteller angefertigt. Schriftzeichen steigerten den Wert des Objektes, auch wenn nur geschrieben steht, wer das Stück anfertigte, wie auf der Pressblechscheibenfibel aus Grab 118 vom Hermsheimer Bösfeld (Abb. 60), und zwar spiegelbildlich.

AMULETTE

Uralte schamanistische Vorstellungen, nach denen die Grenzen zwischen Mensch und Tier verschwimmen und helfende Geister in Tiergestalt auftreten, waren im frühen Mittelalter noch weit verbreitet. In dieser Vorstellungswelt haben zahlreiche Amulette (Abb. 61, 62, 63 und 64) und die Tierornamentik (Abb. 65) ihren Ursprung.

Bei Amuletten suchten Menschen zu allen Zeiten Schutz und Sicherheit vor

■ Abb. 59
Der Dornschild der beschlaglosen bronzenen Schnalle aus Schwetzingen Grab 1/1966 trägt ein lateinisches Blockmonogramm. An den zentralen Buchstaben N ist links ein umgeklapptes D und rechts ein B angefügt. In das N ist ein E eingeschrieben, dessen untere Haste nach links unten abgeschrägt erscheint, was zugleich ein L bedeutet; offenbar ist in das N auch ein H eingefügt und ein A integriert. Möglicherweise bildet die Schräghaste des N zusammen mit dessen rechter vertikaler Haste ein spitzes U in der Form V. Dazu steht frei über dem Monogramm ein relativ großes S. Die vorhandenen Lettern lassen sich – analog zu einem Monogramm Theoderichs – einem D(ominus) N(oster) HELDEBADUS zuordnen. Der Ostgotenkönig Heldebad regierte nur kurze Zeit 540/541. (Auflösung des Monogramms von Werner Seibt, Wien)

■ Abb. 60
Bei der Scheibenfibel aus Grab 118 vom Hermsheimer Bösfeld hält ein silbernes Klemmband das silberne Pressblech. In der Mitte ist es ausgebrochen; nach Analogien zeigte es an dieser Stelle einen Kopf wie bei Münzbildern; der Kopf eines Herrschers wird als Christuskopf interpretiert. Erhalten ist lediglich die Umschrift des Herstellers, die nur gespiegelt (rechts) zu lesen ist: AUDEFRIDU FICIT.

■ Abb. 61
Eine zierliche 18-jährige Frau aus der ersten in Mannheim-Vogelstang bestattenden Generation besaß einen 6,9 cm langen Bärenzahn. Ihr Grab war vollständig geplündert, doch Scherben eines der sehr seltenen gläsernen Rüsselbecher deuten an, dass die junge Frau einer vermögenden Familie angehört hat. Hirschgrandel, die oberen Eckzähne von Rotwild, sind begehrte Jagdtrophäen; der Frau aus Grab 758 vom Hermsheimer Bösfeld, 7. Jahrhundert, dürften sie als Amulett gedient haben.

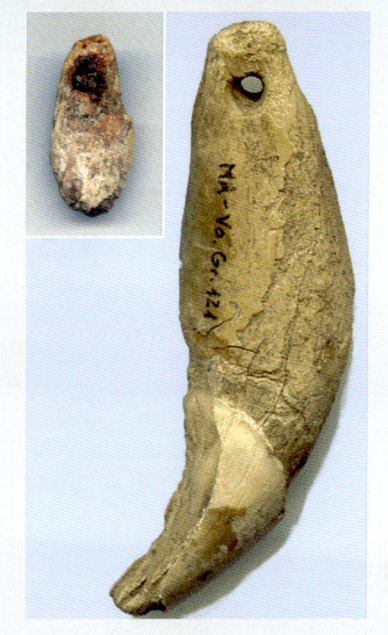

■ Abb. 62
Für das 11-jährige Mädchen aus Vogelstang Grab 219 wurde im zweiten Viertel des 7. Jahrhunderts die 6,5 cm große Scheibe aus der Geweihrose einer Abwurfstange geschnitzt und mit Zirkelornament und Kreisaugen verziert. Diese Amulettscheiben waren vor allem im 6. Jahrhundert gebräuchlich.

■ Abb. 63
Die älteren als »Herkuleskeulen« bezeichneten langen, aus Geweih geschnitzten Anhänger sind häufiger vierkantig pyramidenförmig wie das Paar aus Grab 284 vom Hermsheimer Bösfeld, die jüngeren eher konisch rund wie der Anhänger aus Straßenheim Aue Grab vom 28.1.1933.

■ Abb. 64
Die an einem Bronzedraht hängende Cypraea gehörte in der zweiten Hälfte des 7. Jahrhunderts der Hofherrin aus Grab 428 vom Hermsheimer Bösfeld, die sich durch ihren Schmuck deutlich als Christin zu erkennen gab. Cypraeen gelangten durch den Fernhandel aus dem Roten Meer nach Mitteleuropa. Diese Amulette sind jedoch nicht auf die Oberschicht begrenzt, sie kommen ebenfalls in Gräbern von Frauen und Mädchen der sozialen Mittelschicht vor. In Mannheim-Vogelstang wurden aus dem späten 6. bis in die zweite Hälfte des 7. Jahrhunderts insgesamt neun Cypraeen gefunden.

■ Abb. 65
Eine aus Bronze gegossene Spathagurtgarnitur aus Grab 22 von Straßenheim zeigt ein für die Mitte des 7. Jahrhunderts typisches Ornament im Tierstil II. Es ist ein dichtes Geflecht von Tierköpfen, -körpern und -gliedmaßen, die sich an keine anatomische Ordnung halten; die Tiere sind nicht vollständig. Besonders häufig sind Krallen und Füße abgebildet.

Übermächtigem und Schädlichem. Sie hofften, dass sich Kraft und Fruchtbarkeit übertragen lassen. Frauen trugen ihre Amulette im adulten Alter, also nur solange sie gebärfähig waren. Mädchen wurden schon im Alter von fünf oder sechs Jahren mit solchen behängt.

Unter den zum Aufhängen vorgesehenen Amuletten sind besonders häufig:
- importierte Meeresschnecken/ Cypraeen
- aus Hirschgeweih geschnitzte Anhänger
- Scheiben aus der Geweihrose

Seltener finden sich:
- Bärenzähne
- gefasste Kugeln aus Mineralien
- Bronzeschlüssel
- Bronzeglöckchen

Bergkristall galt den Römern als erstarrter Heiltrank. Gefasste Kugeln aus Kristall oder (Meteor)- Eisen sollten ihre Kraft auf die Trägerin übertragen und sie somit vor Unheil schützen. Mit einer besonders großen Kristallkugel endete das Ziergehänge der Hofherrin aus Grab 348 vom Hermsheimer Bösfeld in der Mitte des 6. Jahrhunderts; eine von Silberbändern gefasste Kugel aus Meteoreisen trug zur gleichen Zeit die Frau aus Straßenheim Aue Grab 45, die ebenfalls einer Hofgemeinschaft vorstand, an ihrem Gehänge.

Eine Periode großer Unsicherheit in der Mitte des 7. Jahrhunderts ist von besonderem Interesse, da sich in ihr sowohl die Amulette als auch christliche Symbole häuften. Und keineswegs wurden die Amulette durch Accessoires mit christlichen Symbolen verdrängt, vielmehr ergänzten sie einander.

ORNAMENTIK IM GERMANISCHEN TIERSTIL

In der Mitte des 5. Jahrhunderts begann in der germanischen Welt Nordeuropas eine neue Bildkultur, in der Tierfiguren die Hauptrolle spielen. Angeregt wurde das germanische Kunstschaffen durch die spätantike Bilderwelt, die in den Grenzregionen des Imperiums bereits römische und germanische Elemente vereint hatte. Im Stil I wurden die Tiere aus den Komponenten Kopf – Hals – Schulter mit Vorderbein – Rücken – Hüfte mit Hinterbein zusammengesetzt, nicht immer in natürlicher Reihenfolge und nicht immer so vollständig wie auf dem Bügelfibelpaar aus Grab 348 vom Hermsheimer Bösfeld (Abb. 16).

Vorgegeben waren Formen, Motive und Regeln. Die in vieler Hinsicht genormten und von allen akzeptierten Bilder waren Darstellungen von etwas Übergeordnetem: Heilsbilder. Die germanische Bildersprache war Ausdruck einer gemeinsamen Kultur im Sinne von Weltanschauung und gesellschaftlicher Ordnung.

Nach der Mitte des 6. Jahrhunderts begann unter dem Einfluss mediterraner Flechtbandornamentik eine neue Phase des germanischen Tierstils (Abb. 66). Die Tierkomponenten wurden verändert und den Schlingungen eines Bandgeflechtes zugeordnet, wobei dieses häufig die Körper bildete (Abb. 65). Da dieser Tierstil II nahezu gleichzeitig in Skandi-

■ Abb. 66
Charakteristisch für den germanischen Tierstil II sind die integrierten Flechtbänder und die verflochtenen Tiere. Die Tierköpfe, die sich von denen des älteren Stils I unterscheiden, zeigen, dass unterschiedliche Tiere dargestellt wurden. Das Wesen mit den einfach geöffneten Kiefern (1) ist schwer zu identifizieren, meist ist es mit einem schlangenförmigen Leib kombiniert. Eindeutig sind der Raubvogel (2), wohl ein Adler wegen des gebogenen Schnabels, und der Eber (3), bei dem immer der hervorstehende Hauer angegeben ist.
Bei einem weiteren Tier ist die nach außen gerollte Unterlippe das entscheidende Merkmal, es dürfte sich um ein Pferd handeln, zumal wenn es mit einem gebogenen Rücken kombiniert wurde (4).
Abbildungen eines Wolfes oder eines Hundes mit Reißzähnen befinden sich nicht auf den Funden aus den Mannheimer Gräberfeldern.

■ Abb. 67
Die aus Bronze gegossene Grundplatte der 6,2 cm großen Scheibenfibel ist am Rand durch Tierköpfe in Kerbschnitt verziert, es wechseln solche mit gebogenem Raubvogelschnabel und solche mit ausgerollter Unterlippe. Das umlaufende Tierornament wurde nach dem Guss nachgeschnitten. Vermutlich waren die gesamte Bronzeoberfläche versilbert und Köpfe und Schnäbel mit Niello ausgelegt. Das Mittelfeld besteht aus dünnem Goldblech mit eingepresstem Kreuz, auf dem kleine gedrehte Blechstreifen als Filigran aufgelötet sind. Sie weisen viele Fehlstellen auf. Die Fibel wurde entweder lange und intensiv getragen, oder es handelt sich um ein wiederverwendetes Blech. Das gesamte Goldblech ist mit einer ziegelfarbenen Kittmasse hinterlegt.
Die Vorderseite der Fibel zeigte ursprünglich durch den ornamental silbern ausgestalteten Rand mit schwarzen Nielloeinlagen und rötlichen Kupferscheiben sowie das goldene, mit Filigrandrähten verzierte Zentrum mit Einlagen aus Almandin, Glas und Perlmutt einen starken Farbkontrast.

navien, bei den Langobarden (noch an der mittleren Donau) und im fränkischen Reich der Merowinger auftrat, müssen die Regeln der neuen Bildsprache durch die germanischen Eliten oder ihre Werkstätten gemeinsam verbreitet worden sein. Der Reiter aus Hermsheim Grab 641 war im späten 6. Jahrhundert in ein weit verzweigtes Netzwerk der Mächtigen eingebunden und mit der Elite, die von Skandinavien bis ins langobardische Italien kommunizierte, verbunden. Die Darstellung auf dem Knauf seines Schwertes (Abb. 19) hat eindeutig skandinavische Vorbilder, die Darstellungen auf seinem Holzbecher (Abb. 17) haben ihre Parallelen bei den Langobarden.

Die Nutzung des Stils auf Objekten mit christlicher Bedeutung etwa seit der Mitte des 7. Jahrhunderts, z. B. auf der Scheibenfibel mit goldenem kreuzverzierten Deckblech aus Grab 524 vom Hermsheimer Bösfeld (Abb. 67), zeigt, dass sich der Tierstil über die Grenzen der Religionen hinweg durchsetzen konnte. Die Bilder entfalteten ihre Wirksamkeit sowohl in heidnischer wie in christlicher Umgebung. Ob die mit den Bildträgern – Gürteln, Waffen, Schmuck – ausgestatteten Menschen die Motive christlich oder heidnisch verstanden, bleibt offen.

LITERATURHINWEISE

Klaus Düwel, Epigraphische Zeugnisse für die Macht der Schrift im östlichen Frankenreich. In: Die Franken, Wegbereiter Europas (Mainz 1996) 540–552

Klaus Düwel, Runenkunde. 4. überarbeitete und aktualisierte Auflage (Stuttgart/Weimar 2008)

Volker Hilberg, Monogrammverwendung und Schriftlichkeit im merowingischen Frankenreich. In: E. Eisenlohr, P. Worm (Hrsg.), Arbeiten aus dem Marburger hilfswissenschaftlichen Institut. Elementa diplomatica 8 (2000) 63–123

Max Martin, Schrift aus dem Norden. In: Die Alamannen (Stuttgart 1997) 499–502

Ursula Koch, Robert Nedoma, Klaus Düwel, Amulettkapsel mit Runen aus Grab 938 vom Hermsheimer Bösfeld in Mannheim-Seckenheim. Germania 2013 (im Druck)

Sebastian Ristow, Frühes Christentum im Rheinland. Die Zeugnisse der archäologischen und historischen Quellen an Rhein, Maas und Mosel. Jahrbuch des Rheinischen Vereins für Denkmalpflege und Landschaftsschutz 2006 (Köln 2007)

Bernhard Salin, Die Altgermanische Thierornamentik, aus dem schwedischen Manuskript übersetzt von J. Mestorf (2. Aufl. 1935)

Margaret Scott, Kleidung & Mode im Mittelalter (Darmstadt 2008)

Werner Seibt, Ursula Koch, Eine Schilddornschnalle mit Monogramm des Ostgotenkönigs Heldebad (540-541) aus Schwetzingen (in Vorbereitung)

Michelle Waldispühl, Schreibpraktiken und Schriftwissen in Südgermanischen Runenschriften. Zur Funktionalität epigraphischer Schriftverwendung. Medienwandel – Medienwechsel – Medienwissen Band 26 (Zürich 2013)

Susanne Walter, Christina Peek, Antje Gillich, Kleidung im Frühen Mittelalter. Am liebsten schön bunt. Porträt Archäologie 3 (Esslingen 2008)

LEBEN – KRANKHEIT – TOD

LEBENSERWARTUNGEN

Die Lebenserwartung (Abb. 68) lag im frühen Mittelalter bei 25 bis 30 Jahren. 61 % der Männer und 56 % der Frauen starben vor dem 40. Lebensjahr.

Soweit in den Gräberfeldern nachweisbar, ist von einer Säuglings- und Kindersterblichkeit zwischen 20 und 30 % auszugehen. In einem Gräberfeld werden bei archäologischen Untersuchungen aber nur die Kinder gefunden, die mindestens 70 cm tief beigesetzt worden sind, was sicher nicht immer der Fall war. Andererseits verfestigt sich das Bild, dass das Leben in den ländlichen Siedlungen wegen der geringeren Bevölkerungsdichte gesünder war als das mittelalterliche Stadtleben mit seinem hohen Infektionsrisiko. Einen Lebensstandard mit ausreichender Nahrung im Kindesalter bezeugen zudem die im frühen Mittelalter erreichten Körpergrößen. In Sandhofen (Geroldisheim?) betrug die Körperhöhe der Männer im Durchschnitt 1,74 m, die der Frauen 1,63 m.

VERSCHLEISSERSCHEINUNGEN UND KRANKHEITEN

Von harter körperlicher Arbeit zeugen die Muskelansatzmarken, stark ausgeprägt sind sie bei dem Schmied in Sandhofen Grab 20. Krieger weisen starke Muskelansatzmarken an den Oberarmen, Schien- und Wadenbeinen auf und dazu Reiterfacetten am linken Oberschenkel wie in Sandhofen Grab 179 (Abb. 69 und 70) und Grab 245; gebrochene Rippen und Schlüsselbeine sind bei ihnen keine Seltenheit (Sandhofen Grab 176; Hermsheimer Bösfeld Grab 562, 674).

In den Schriften des frühen Mittelalters wird von Ruhr, Lepra und Pest berichtet. Die Anthropologen diagnostizieren Verschleißerscheinungen und pathologische Veränderungen am Skelett. *Hypoplasien,* Funktionsstörungen des Gebisses (*Ameloblasten*) haben ihre Ursache in Vitaminmangel oder können auf Masern, Röteln oder Scharlach zurückgehen.

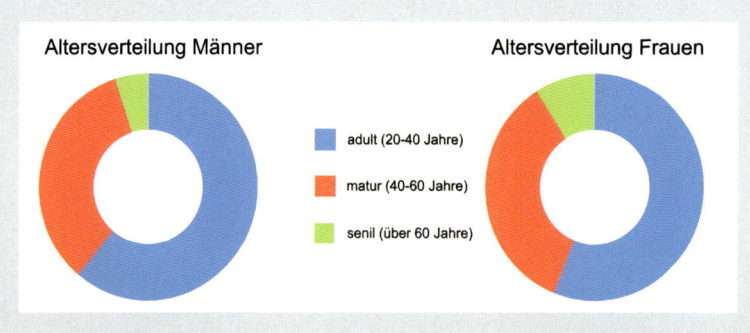

■ Abb. 68
Grafik zum Hermsheimer Bösfeld von Christian Meyer und Kurt W. Alt

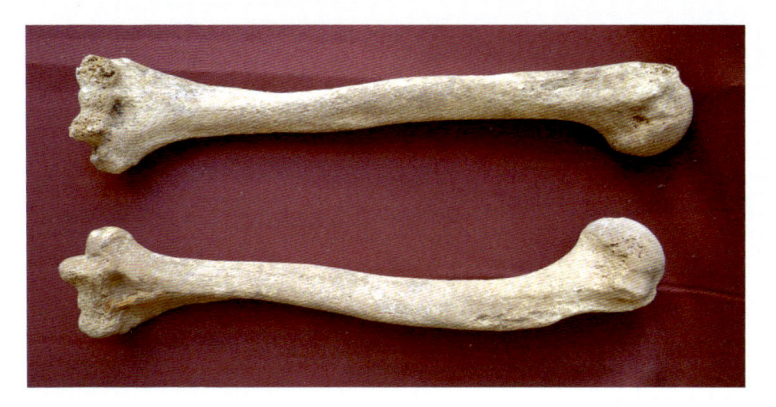

■ Abb. 69
Der Krieger aus Grab 179 von Sandhofen war etwa 1,86 m groß und muskulös gewesen, das ergab die anthropologische Untersuchung des Skelettes einschließlich der Längenmessung von Femur und Tibia. Etwa 30-jährig verstarb er. Ein alter Oberarmbruch war längst verheilt.

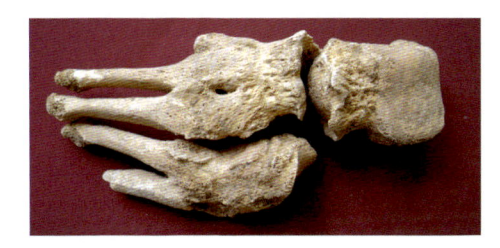

■ Abb 70
Eine Fußverletzung oder eine Infektion hinterließ ihre Spuren am linken Fußskelett des großwüchsigen Kriegers aus Sandhofen Grab 179. Mittelfußknochen und Fußwurzelknochen waren miteinander verwachsen.

Zahlreich sind Schäden an der Wirbelsäule, die zu Lebzeiten meist großen Belastungen ausgesetzt war. Die Zerstörung des Zwischenwirbelraumes stellt sich als Bandscheibenschaden (*Osteochondrose*) dar. Verdichten sich Deck- und Grundplatte eines Wirbels (*Osteosklerose*), bilden sich schmerzhafte Randzacken (*Osteophyten*). Treten Verknöcherungen (*Desmophyten*) auf und wachsen diese mit den *Osteophyten* zusammen, entsteht eine Knochenspange, die die Wirbel verbindet (*Spondylosis deformans*) und so an der Bewegung hindert. Die dadurch bedingte Fehlbelastung der Wirbelkörper führt dann zu einer arthrotischen Gelenkverformung (*Spondylarthrose*).

Degenerative Gelenkerkrankungen (*Arthrosis deformans*) hängen primär mit Alter und Stress zusammen oder stellen sich im Verlauf einer entzündlichen oder traumatischen Gelenkerkrankung ein. Durch Knorpel- und Knochenneubau entstehen Knochenwülste. Am häufigsten sind *Arthrosen* in den großen Gelenken der unteren Extremitäten und in Form entzündlicher Prozesse in den kleinen Fingergelenken.

■ Abb. 72
Die an Drahtringen befestigten Bronzetüllen werden als Pinselfassungen interpretiert; sie treten nur in den Gräbern weiblicher Personen auf. In Vogelstang Grab 382 (1) gehörten sie zu einem neunjährigen Mädchen, in Straßenheim Aue Grab 46 war das Mädchen mit einer solchen Bronzetülle (2) 1,46 m groß. Die lanzettförmigen bronzenen Anhänger könnten als Zahnstocher gedient haben; ein achtjähriges Mädchen aus Vogelstang Grab 132 besaß ein solches Gerät (3). Pinzetten treten seltener in Frauengräbern, sondern häufiger in Männergräbern auf; die beiden Pinzetten stammen aus den 1973 geöffneten Gräbern 5 und 10 von Altlußheim (4–5). Klappmesser wie das Exemplar aus Hockenheim Grab 10 (6) sind eine Erscheinung der späten Merowingerzeit. Da sie in der Regel von Männern verwendet wurden, gelten sie als Rasiermesser.

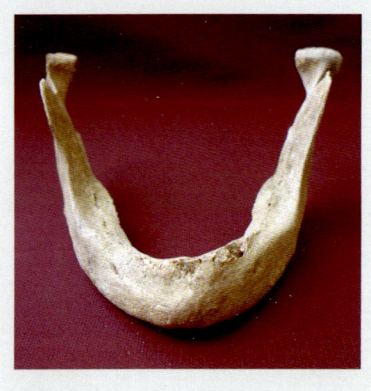

■ Abb 71
Über 60 Jahre alt war die in Sandhofen Grab 231 im späten 6. Jahrhundert beigesetzte Frau. Sie hatte schon zu Lebzeiten alle ihre Zähne verloren, und ihr Unterkiefer hatte sich zurückgebildet.

Eine Infektion – wohl durch eine nicht verheilte tiefe Wunde – verursachte die *Osteomyelithis* am Oberarm eines adulten Mannes in Grab 749 vom Hermsheimer Bösfeld.

Zahnpflege fand im frühen Mittelalter nicht statt, wie die häufigen starken Zahnanhaftungen bei den Skeletten verraten. Eine durch mangelnde Mundhygiene bedingte häufige Erscheinung ist die *Paradontitis*, die Erkrankung des Zahnhalteapparates. Schwere Karies, eitrige Zahnbetterkrankungen und Wurzelvereiterungen im fortgeschrittenen Stadium führten häufig zu Zahnverlust (Abb. 71).

KÖRPERPFLEGE

Die Menschen im frühen Mittelalter betrachteten das Wachstum der Haare als Symbol immerwährender Lebenskraft. Daher spielte die Pflege der Haare im Bestattungsbrauchtum eine bedeutende Rolle. So hatte die häufige Kammbeigabe noch im 8. Jahrhundert, als die Beigabensitte schon nahezu erloschen war, wohl ihre Gründe; nicht nur, dass die Toten aufgebahrt und dabei gekämmt wurden.

Während die Scheren in Frauen und Mädchengräbern durch ihre Kombination mit anderen Geräten für die Textilverarbeitung als Tuchscheren zu interpretieren sind, dienten sie bei Männern eindeutig der Haar- und Bartpflege. Knaben erhielten demnach mit etwa sechs Jahren ihren ersten Haarschnitt.

Eine seltene Beigabe sind Pinzetten (Abb. 72, 4-5). Sie werden gern der Bartpflege zugeordnet, denn sie tauchen häufiger – aber nicht nur – in Männergräbern auf. Barthaare mit einer Pinzette zu zupfen ist eine Tortur. Dagegen lassen sich einzelne Haare oder ein Splitter in der Haut leichter mit einer Pinzette entfernen.

Um Toilettenbestecke zum Reinigen der Gehörgänge, Zähne und Fingernägel handelt es sich bei kleinen Geräten antordierten Drähten. Ohrlöffelchen haben eine kleine Laffe, Zahnstocher sind spitz zulaufend oder spatelförmig ausgearbeitet (Abb. 72, 3). Diese Geräte treten häufig kombiniert auf.

Bronzeschälchen, die zusammen mit anderem Toilettengerät ins Grab kamen, dienten dem Anrühren von Salben, Puder oder Schminke. Schälchen aus Holz haben sich nicht erhalten. Möglicherweise wurden Kosmetika in Döschen aus Bronze oder Bein aufbewahrt.

Das Waschen der Hände, mit denen ja gegessen wurde, war vor und nach dem Essen eine Notwendigkeit. Die Oberschicht verwendete dafür Bronzeschalen, denn lag der Kamm im Bronzebecken, kennzeichnet dies seine Verwendung als Waschschale. In bildlichen Darstellungen sind Gießgefäße erkennbar. Zu klären, ob Keramikkrüge und Kannen für Waschwasser verwendet wurden, übersteigt die Interpretationsmöglichkeiten bei archäologischen Funden.

LITERATURHINWEISE

Christian Meyer, Bioarchäologie des frühmittelalterlichen Gräberfeldes vom Hermsheimer Bösfeld, Mannheim-Seckenheim. Paläopathologische und paläoepidemiologische Untersuchungen der menschlichen Skelettfunde. Dissertation Univ. Mainz (in Vorbereitung, 2014)

Svenja Partheil, Anthropologische Untersuchung der menschlichen Skelettfunde aus dem merowingerzeitlichen Gräberfeld Mannheim-Sandhofen, Baden-Württemberg (Examensarbeit Univ. Gießen 2006)

Michael Schäfer, Alltägliche Toilette: Vom Kamm bis zum Zahnstocher – Körperpflege im Mittelalter und in der frühen Neuzeit. Concilium medii aevi 12 (2009) 225–250

Frank Siegmund, Körpergewicht und BMI bezeugen einen hohen Lebensstandard im europäischen Mittelalter. Ethnographisch-Archäologische Zeitschrift 61 (2010) 258–282

BESTATTUNGSSITTEN – BESTATTUNGSPLÄTZE

INSZENIERUNG DER GESELLSCHAFTLICHEN STELLUNG – DIE BEISETZUNG

Das mit ca. 900 Bestattungen umfangreichste Gräberfeld in der Rhein-Neckar-Region wurde von 2002 bis 2005 auf dem Hermsheimer Bösfeld, auf der heutigen Gemarkung Mannheim-Seckenheim, ausgegraben. Das Bösfeld wurde ab dem zweiten Viertel des 6. Jahrhunderts und bis weit ins 8. Jahrhundert hinein als Bestattungsplatz genutzt. Pro Generation fielen 89 bis 90 Bestattungen an. Gut datierbar sind jedoch nur die Gräber mit Beigaben, das sind die Gräber der ersten sechs Generationen. Dann wurde die Beigabensitte zunächst reduziert und schließlich ganz aufgegeben.

Die Sitte, ein größeres Areal als Bestattungsplatz für die gesamte Bevölkerung einer Siedlung einschließlich künftiger Generationen auszuweisen und die Toten dort bekleidet und mit Beigaben versehen beizusetzen, fiel am nördlichen Oberrhein mit dem Beginn der fränkischen Herrschaft zusammen. Diese

■ Abb. 73
In der Mitte des 6. Jahrhunderts wurde eine Hofherrin in Grab 348 auf dem Hermsheimer Bösfeld beigesetzt. Ihrer exquisiten Ausstattung entsprach der Aufwand, der für die Herrichtung einer 2,5 m langen und 1,45 m breiten hölzernen Grabkammer in der 3,1 m langen und bis 1,75 m breiten Grube erforderlich war. Im Planum zeichnen sich die Umrisse beziehungsweise inkohlten Wände ab, sie waren verzogen und zum Teil leicht eingedrückt. In den Ecken sind – auch auf dem Foto – die überstehenden Enden der Bretter von Längs- und Schmalseiten deutlich zu erkennen; die Bretterenden stießen jeweils an die Wände des Grabschachtes. Die Tote selbst lag, wie es üblich war, in der Nordhälfte der großen Kammer, die Beigaben standen in der Südhälfte.

Sitte wurde aus dem Römischen Reich übernommen und auch in christlichem Umfeld gepflegt. Die so genannten Reihengräberfelder sind kein Ausdruck einer heidnischen Religion.

In der frühmittelalterlichen Gesellschaft waren Beisetzungen eines Hofherrn oder einer Hofherrin (Abb. 73) zweifellos ein festliches Ereignis. Noch ein letztes Mal demonstrierte die Familie mit großem Aufwand den gesellschaftlichen Rang der oder des nun zu Bestattenden und wies gleichzeitig auf Vermögen und Stand der Familie hin, bei der Frau durch Schmuck, bei dem Mann durch Waffen und Reitausrüstung und die Tötung eines Pferdes.

Der Aufwand bei den Grabanlagen und bei den Ausstattungen war recht unterschiedlich. Möglicherweise wollten die Nachkommen erreichen, dass die Verstorbenen ihre gesellschaftliche Stellung oder die ihnen zugedachte Rolle – dies betraf besonders die frühadult Verstorbenen – in der Erinnerung der Nachbarn und im Jenseits behielten. Wahrscheinlich waren die Feierlichkeiten anlässlich eines Begräbnisses mit einem Gelage

■ Abb. 74
Auf dem mächtigen Grabhügel von etwa 20 m Durchmesser, unter dem in der zweiten Hälfte des 7. Jahrhunderts ein Straßenheimer Reiter bestattet wurde, stand ein 0,9 m hoher Zapfen mit Pflanzendekor und profiliertem Knopf auf der Spitze; dieser cippus eines römischen Grabbaus hatte hier eine zweite Verwendung gefunden. Der Hügel wurde genau dort errichtet, wo eine Römerstraße die Niederung einer alten Neckarrinne durchquerte. Für jeden, der im späten 7. Jahrhundert von Ladenburg her kommend den alten Neckarlauf durchquerte und zum Hügel hinaufschaute, muss dieser samt seiner Bekrönung noch imposanter gewirkt haben. Später war der Sandsteinzapfen herabgerollt und im Graben liegen geblieben.

■ Abb 75
In spätmerowingischer Zeit begann der Abbau römischer Ruinen – zum Beispiel in Ladenburg und beim spätrömischen Burgus in Neckarau. Die Steine fanden vermehrt als Sockel für die weiterhin aus Holz errichteten Häuser Verwendung. Auf dem Hermsheimer Bösfeld wurden die römischen Handquader zu Grabkisten trocken gemauert; nur selten wurden Steinplatten verbaut. Die Beigabensitte war bereits weitgehend erloschen. Offensichtlich war ein gemauertes Grab – das einigen Aufwand beim Heranschaffen des Baumaterials erforderte – den Angehörigen der Oberschicht vorbehalten. In Bösfeld Grab 724 war ein Kind in einem gemauerten Grab beigesetzt.

■ Abb. 76
In der kleinen Nekropole von Straßenheim wurden keine Handquader, sondern nur Steinplatten für den Grabbau genommen. Man legte den Toten auf ein Steinpflaster oder in eine aus Platten gestellte Kiste. In den sieben dort gefundenen Steinkisten befanden sich insgesamt mindestens zwölf Skelette, manchmal lagen sie dicht übereinander, manchmal war das ältere zur Seite geräumt.

■ Abb. 77
Als Deckplatte einer Steinkiste wurde die Sandsteinplatte mit der Darstellung von drei römischen Gottheiten wiederverwendet. Bereits 1902 erwarb der Altertumsverein zwei in Neckarau in einer Toreinfahrt verbaute Steine, von denen bekannt war, dass sie aus dem alten Hermsheim stammten. Bei diesen dürfte es sich um Deckplatten von Steinkistengräbern gehandelt haben.

verbunden. Die Toten erhielten ihren Anteil an den Speisen und Getränken; diese wurden ihnen in Gefäßen aus Keramik, Glas oder Holz ins Grab gestellt. Je vornehmer die oder der Verstorbene, desto reichlicher die Auswahl an Fleischsorten und Fisch.

WANDEL DER BESTATTUNGSSITTEN

Im Laufe des 7. Jahrhunderts lösten sich die einheitlichen Bestattungsregeln auf. Während die Hermsheimer Familien noch viele Generationen auf dem Bösfeld bestatteten, wurden die Friedhöfe in Sandhofen Steinäcker, Vogelstang Elkersberg und in Straßenheim Aue um 700 aufgelassen. Vielleicht wurden die zugehörenden Siedlungen, deren Namen unbekannt sind, aufgegeben. Möglich ist, dass die Familien nun nahe einer Kirche bestatteten. Einzelne Familien nahmen sich das Recht auf einen gesonderten Begräbnisplatz auf dem eigenen Hof.

In der kleinen Nekropole südlich von Straßenheim war in der zweiten Hälfte des 7. Jahrhunderts ein 1,92 m großer Reiter in der tiefen Holzkammer von Grab 30 beigesetzt worden. Die Grabstätte war von einem 20 m weiten Kreisgraben umgeben. Zweifellos umschloss der Graben einen Hügel, denn darauf dürfte der wiederverwendete römische Grabcippus gestanden haben; er rollte später in den Graben (Abb. 74). Drei Pferde wurden anlässlich der Beisetzung getötet und am Rande des Kreisgrabens beigesetzt.

Die Beigaben wurden im späten 7. Jahrhundert stark reduziert, vor allem die das Ansehen der Männer bestimmenden Waffen kamen nun nicht mehr ins Grab. Dinge aus wiederverwertbaren Materialien, speziell Metall, wurden sogar aus den Gräbern der Ahnen systematisch wieder hervorgeholt; bis zu 90% beraubt waren die Gräber in Sandhofen und Vogelstang.

Als Gründe des Wandels im Bestattungswesen werden die Institutionalisierung der Kirche, die Umwandlung einer offenen ranggestaffelten Gesellschaft zu einer nach sozialen Gruppen streng gegliederten Gemeinschaft bzw. ein System der neuen Grundherrschaften diskutiert. Aber zumindest an einigen Orten waren die alten privilegierten Familien noch da.

Einzelne Familien aus Hermsheim und Nachkommen des Herrn unter dem Grabhügel südlich von Straßenheim ließen im 8. Jahrhundert für Grablegen Baumaterial aus römischen Ruinen herbeischaffen (Abb. 77). Demnach verfügten sie über Arbeitskräfte und Transportmöglichkeiten. Aus Steinplatten errichtete oder trocken gemauerte Gräber (Abb. 75 und 76) waren offensichtlich eine neue Form der Repräsentation. Die darin Bestatteten auf dem Hermsheimer Bösfeld dürften zu den aus dem Lorscher Codex bekannten Familien von Kleingrundbesitzern gehören.

SCHMIEDE UND DAS METALLHANDWERK

DER SCHMIED UND SEINE WERKSTOFFE

Im frühen Mittelalter verarbeiteten Handwerker Eisen, Gold, Silber, Kupfer, Zinn, Zink, Blei und Quecksilber. Neben Flussgold und in Gallien bergmännisch gewonnenem Gold stand mediterranes Münzgold zur Verfügung. Es wurde mit der Feinwaage gewogen und mit dem Probierstein auf seinen Feingehalt hin untersucht.

Bei Buntmetallen handelt es sich um die aus römischer Zeit bekannten Legierungen zwischen Messing (Kupfer-, Zinn-, Zink- und Bleimischung) und Bronze (Kupfer mit 10 % Zinn-Blei-Mischung), hier wurde viel Altmaterial verarbeitet.

Ob die natürlichen Lagerstätten von Silber, Blei und Zink bei Wiesloch, wo in römischer Zeit Bergbau stattfand, im frühen Mittelalter ausgebeutet wurden, ist nicht bekannt.

Importiert wurden Quecksilber, das für die Feuervergoldung benötig wurde, und Schwefel für die Nielloherstellung.

Eisenerz wurde meist oberflächlich aufgesammelt oder im Tagebau gewonnen. Sowohl das an vielen Stellen anstehende Raseneisenerz als auch die an den Rändern des Jura vorkommenden Doggererze sind phosphathaltig. In einem langwierigen Prozess mussten der Phosphorgehalt reduziert und die Schlacken herausgetrieben werden. Doch über die frühmittelalterliche Verhüttung wissen wir fast nichts.

Schmiede standen in hohem Ansehen. Grobschmiede, die für den täglichen Bedarf arbeiteten und reparierten, gab es an kleinen Höfen mit zwei bis drei Kriegern, wie in Sandhofen (Geroldisheim?), wo Schmiedewerkzeug in Grab 20 gefunden wurde (Abb. 78).

Waffenschmiede, Goldschmiede und Metallgießer fanden ihr Auskommen in den Zentren der Macht, den *civitates*, an den Höfen der Könige und anderer einflussreicher Familien.

KLINGENHERSTELLUNG IM SCHWEISSVERBUNDVERFAHREN

Der Kohlenstoffgehalt bestimmt die Qualität des Eisens. Das im Rennfeuer produzierte Roheisen war kohlenstoffarm. Solch weiches Eisen lässt sich zwar gut schmieden und weiterverarbeiten, heiß schweißen oder kalt dengeln, doch für Waffen taugt es nicht. Für sie ist harter, kohlenstoffreicher Stahl oder phosphathaltiges Eisen erforderlich. Beide wiederum werden mit zunehmender Härte spröder. Durch Glühen in Holzkohlestaub wurde Eisen vor allem an der Oberfläche, zum Beispiel an den Schneiden, mit Kohlenstoff angereichert. Härten lässt sich das glühende Metall bei einem Kohlenstoffanteil zwischen 0,5 % und 1,7 % durch Abschrecken. Die Qualität des Produktes hängt von Glühtemperatur, Abschreckungsgeschwindigkeit und Kühltemperatur ab, also von der Geschicklichkeit und den Kenntnissen des Schmiedes.

Zur Herstellung damaszierter Schwertklingen (Abb. 79 und 80) wurden 6–9 mm breite geschmiedete Lamellen, meist vier aus Eisen und drei aus aufgekohltem Stahl oder phosphathaltigerem

Abb. 78
Kräftig war der Mann in Sandhofen Grab 20, und starke Muskelansatzmarken hatte er. Dass er Schmied war, belegen die in seinem Grab gefundenen Werkzeuge, eine Zange und ein Hammer. Das Eisen der vielen kleinen Geräte ist jedoch so schlecht erhalten, dass sich diese nicht mehr bestimmen lassen. Sandhofen Grab 20 war alt beraubt, daher gibt es über den Schmied nicht viel zu erzählen, ein kleiner Schnallendorn verrät immerhin, dass er in der ersten Hälfte des 6. Jahrhunderts gelebt hat.

Eisen, abwechselnd übereinander geschichtet, bei 800 bis 1200 °C zusammengeschweißt und durch Torsion noch inniger verbunden. Für eine Klinge wurden mehrere Damaststäbe, die die Elastizität gewährleisteten, und die Schneiden aus hartem kohlenstoffreichen Stahl zusammengeschweißt, oft über einem Eisenkern. Durch Ätzen oder Polieren wurden die farblichen Unterschiede von dunklem Stahl und blankem Eisen herausgearbeitet, was die Torsionsmuster und somit die Qualität sichtbar machte.

Kohlenstoffreicher Stahl oxidiert stärker als Eisen. So lassen die früher in der Restaurierung üblichen Entrostungen die Damastmuster erkennen.

DIE TECHNIK DES TAUSCHIERENS

Tauschieren ist eine Einlegetechnik von Metall in Metall (Abb. 81 und 82). Im 7. Jahrhundert wurden eiserne Scheibenfibeln, Gürtelgarnituren oder Schwertknäufe auf diese Weise verziert. In die Oberfläche sind Muster aus locker verdrilltem Silberblech eingelegt, zum Teil kombiniert mit Gold- oder Messingdraht. Die Drähte liegen in Rillen, die mit einem stumpfen Meißel eingeschlagen wurden. Die Rillenkanten mussten nach der Drahteinlage nur noch zurückgehämmert werden. Bei einer flächigen Auflage wurde die Fläche insgesamt aufgeraut und der Draht dicht an dicht verlegt.

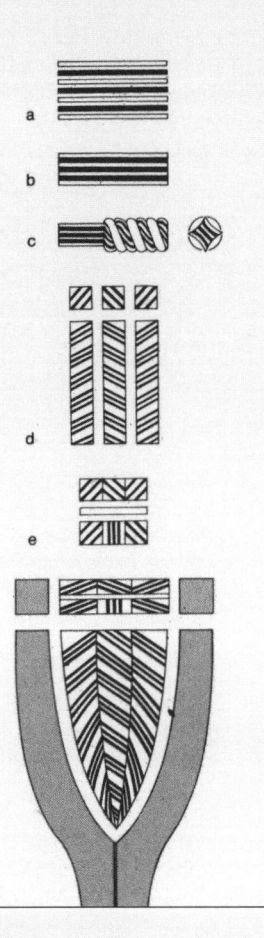

■ Abb. 79
Bis zu sechs Damastbahnen wurden in merowingischer Zeit für eine Schwertklinge geschmiedet. Für jede Bahn benötigte der Schmied (a) vier Lamellen Eisen (hell) und drei Lamellen Stahl (dunkel), die er zu einem Paket verschweißte (b) und dann tordierte (c). Danach wurden die tordierten Stäbe zusammengeschweißt (in Aufsicht und im Schnitt dargestellt: d). Damaszierte Klingen haben gewöhnlich einen homogenen Kern und zwei Damastschichten (e). Die Schneiden werden angeschweißt (f). Die charakteristischen Muster werden erst nach ausgiebigem Schleifen und Polieren der Klinge sichtbar.

■ Abb. 80
Die 4,4 cm breite Klinge des Hermsheimer Schwertes ist extrem schlank. In einer mit dem Computertomographen gemachten Röntgenaufnahme sind die 1,1 cm breiten angesetzten Schneiden zu erkennen. Die Mittelpartie ist nur 2,2 cm breit und weist dennoch fünf Damastbahnen auf. Drei Bahnen zeigen durchgehend Winkeldamast, wobei die Torsionen eng und gleichmäßig ausgeführt sind. Von den beiden anderen Bahnen mit Winkel- und Streifendamast unterscheiden sie sich nicht nur im Muster, sondern auch durch einen höheren Anteil an hartem, aber korrosionsanfälligerem Stahl. (Aufnahme TPW ROWO, Neuss)

■ Abb. 81
Mit Stichel oder Meißel wird das Muster in das Werkstück, hier eine Riemenzunge, eingetieft. In die Vertiefungen werden anschließend die drahtförmigen Blechstreifen aus Silber oder Messing eingehämmert und die Oberfläche abschließend plangeschliffen.

■ Abb. 82
Auf dem Riemenverteiler aus Grab 370 von Mannheim-Vogelstang lässt sich bei näherem Hinsehen gut erkennen, dass bei der flächigen Silbertauschierung die flachen Silberdrähte dicht an dicht gelegt wurden.

METALLGUSS

Bunt- und Edelmetalle lassen sich in erhitztem flüssigen Zustand zu neuen Formen gießen. Dies kann in einer offenen Form aus Ton oder Stein mit dem Negativbild des gewünschten Gegenstandes geschehen (Abb. 83 und 84). Bei einer offenen Tonform benötigte der Gießer zuvor ein Modell, das er in die weiche Masse drückte. Eine zweiteilige Form mit den Negativen von Vorder- und Rückseite des zu gießenden Objekts wurde mit Lehm ummantelt und mit Guss- und Luftkanälen versehen. Nach dem Guss wurde der Mantel zerschlagen, die Klappform blieb erhalten. Auf diese Weise wurde in zentralen fränkischen Werkstätten Massenware produziert, vor allem Gürtelschnallen und Bronzeschmuck.

FEUERVERGOLDUNG

Silber läuft schnell an und verliert seinen hellen Glanz. Silberflächen lassen sich leicht polieren, doch sobald die Verzierungen in Kerbschnitt mit vielen Vertiefungen ausgeführt wurden, ist eine Feuervergoldung unumgänglich (Abb. 85).

Im mediterranen Raum wurden Gegenstände aus Messing oder Bronze häufig vergoldet (Abb. 86). Reste von Vergoldung zeigen z. B. die Zellwände der westgotischen Adlerfibel, die in einer Werkstatt in Südfrankreich gegossen wurde.

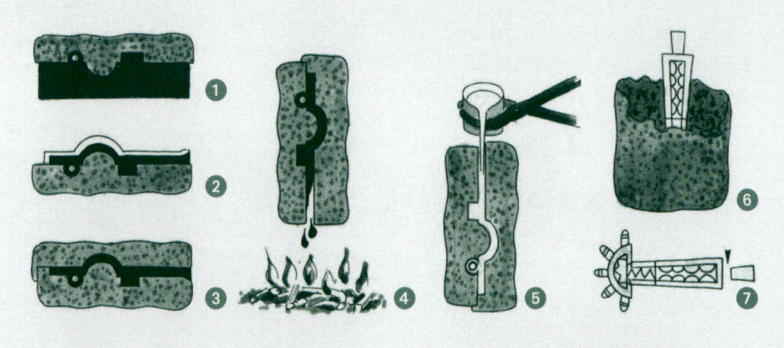

■ Abb. 83
Silberne Bügelfibeln mit scharfgratigem Kerbschnitt (7) wurden vermutlich im Wachsausschmelzverfahren in verlorener Form gegossen (6). Denn hier sind fein geschnittene Vorformen aus feinporigem Stein oder Holz mit dem Negativbild der Vorderseite vorauszusetzen. In eine solche Form wurde Bienenwachs gegossen und geebnet, dann in Wachs geformte Nadelhalter und Nadelrast angesetzt (1). Das erkaltete Wachs wurde hinten von feingeschlämmtem Ton überzogen (2), dann die Vorform entfernt und die Vorderseite ebenfalls mit feinem Ton überzogen (3). Das Ganze wurde anschließend in Ton gepackt und mit einem Gusstrichter versehen. Die Form wurde getrocknet und gebrannt, das Wachs schmolz dabei und floss heraus, so entstand ein Hohlraum in Fibelform (4–5).

■ Abb. 85
Der bronzene Schildniet aus Grab 30 von Straßenheim ist am Rande durch kleine eingestempelte Kreise und gepunktete Dreiecke verziert und wurde danach mit einer dicken Goldschicht überzogen. Diese Niete sind typisch für langobardische Schilde. Es ist allerdings nicht auszuschließen, dass fränkische Werkstätten im Laufe des 7. Jahrhunderts diese beliebte Schildmode übernahmen.

■ Abb. 84
Die kleine silberne Bügelfibel aus Sandhofen Grab 3 wurde mit ihrem Kerbschnittdekor gegossen, dann aber nicht mehr, wie sonst üblich, weiter bearbeitet, denn sie erhielt weder Nielloeinlagen noch eine Vergoldung des Kerbschnitts.

NIELLIEREN

Niellieren ist eine Ziertechnik in der Metallbearbeitung. Dunkle Schwermetallsulfide werden als Niellomasse auf Schmuck aus hellerem Edelmetall aufgebracht. Im frühen Mittelalter wurden vorzugsweise silberne Trachtaccessoires und Riemenbeschläge nielliert, und zwar in Form von Inkrustationen in Linien oder Flächen, die vorher durch Gravie-

■ Abb. 86
Sorgfältig vermischt der Goldschmied in einem stark erhitzten Tiegel 8 Teile Quecksilber und 1 Teil goldene Folienschnipsel. Das so entstandene Amalgam gießt er in Wasser. Nach dem Abgießen des Wassers bleibt das Amalgam als puderige Masse zurück.
Auf den zu vergoldenden Gegenstand bürstet er Quickwasser (Wasser mit 3 Teilen Weinstein, 1 Teil Salz, 4 Teilen Quecksilber). Der Gegenstand wird erwärmt, das Amalgampuder mit einem in Quickwasser getauchten Kupferstab aufgetragen und bei etwa 100 °C mit einem Pinsel verrieben. Bei 350 °C verdampft das Quecksilber, und das Gold bleibt zurück.

■ Abb. 87
Außergewöhnlich qualitätvoll sind die aus Silber gegossenen Pyramidenknöpfe, die ein Krieger aus Plankstadt im späten 6. Jahrhundert an seiner Schwertaufhängung verwendete. In alle vier Flächen sind kleine tiefe Dreiecke eingekerbt und feuervergoldet, während die Silberflächen mit Niellostreifen verziert sind. Ein Almandin ziert die Spitze.

ren mit dem Stichel, durch Meißeln oder Punzieren erzeugt wurden (Abb. 87, 88 und 89).

Von den zahlreichen möglichen Zusammensetzungen der Niellomasse waren in dieser Zeit Silber-Kupfer- sowie Silber-Kupfer-Blei-Sulfidmischungen üblich.

In einem Tiegel wurden Silber und Kupfer, in einem zweiten Tiegel Schwefel (und Blei) geschmolzen. Den geschmolzenen Schwefel goss der Schmied in den Tiegel mit der Silber-Kupferlegierung und vermischte beides unter Erhitzen. Das Gemisch füllte er in einen dritten, größeren Tiegel, der innen mit einem Gemisch aus Schwefel und einem Schmelzmittel, zum Beispiel Borax, dick eingestrichen war, und vermengte es unter Erhitzen. Die flüssige Masse wurde durch einen Reisigbesen in kaltes Wasser gegossen.

■ Abb. 88
Ein besonders qualitätvolles Beispiel für die im letzten Drittel des 6. Jahrhunderts beliebte Flächenniellierung ist der aus Silber gegossene 5,4 cm breite Spathaknauf des Hofherrn aus Grab 641 vom Hermsheimer Bösfeld. Das silberne Tierornament im germanischen Tierstil II ist vor dem feuervergoldeten Kerbschnitt durch eingelegtes Niello, einer Legierung aus 10 % Silber, 39 % Kupfer und 51 % Schwefel, hervorgehoben. Auf der Abbildung ist der Nielledekor auf der linken Seite schwarz nachgezeichnet; dies soll einen Eindruck des ehemaligen Farbkontrastes vermitteln.

■ Abb. 89
Die Arbeitsabläufe eines Goldschmiedes, der gießen, punzen, niellieren und vergolden musste, zeigt die große silberne Bügelfibel aus Grab 231 von Mannheim-Sandhofen. Sie gehörte einer mit über 60 Jahren verstorbenen Frau aus dem späten 6. Jahrhundert. Der Kerbschnitt wurde feuervergoldet, die breiten glatten Randstreifen sind durch Nielloeinlagen in kleinen eingestempelten Dreiecken verziert.

■ Abb. 90
Zu dem im späten 7. und frühen 8. Jahrhundert sehr gefragten Brakteatenschmuck gehörten in Hermsheim der goldene Brakteatenanhänger aus Grab 564 und die Scheibenfibel aus Grab 170. Bei der Fibel wird das silberne Pressblech von einem bronzenen Klemmband gehalten. Bei längerem Hinsehen ist vielleicht ein »Strichmännchen«-Paar auf dem Anhänger zu erkennen, doch was auf dem Silberblech dargestellt ist, hat sich noch nicht erschlossen. Die Bildinhalte sind bei diesen oft flüchtig hergestellten Blechen schwer zu deuten, dem Glauben an ihre schützende Funktion tat dies sicher keinen Abbruch.

Dadurch entstanden spröde Körner, die in einem Mörser pulverisiert wurden.

Das geschlämmte Niellopulver trug der Schmied nach dem Trocknen mit einem Stift oder Federkiel auf die Fläche auf und füllte die vorher gravierten Vertiefungen dabei bis über den Rand. Beim Erhitzen des Schmuckstücks schmilzt das Niello ein. Sobald es zu glänzen beginnt, muss die Erwärmung abgebrochen werden. Nach dem langsamen Erkalten wurde die Oberfläche flach geschliffen.

TREIBEN UND PRESSEN

Mit dem Treibhammer kann ein auf einem Amboss liegendes Blech dünn ausgeschmiedet werden. Beim Formtreiben wird ein Model mit der positiven Form oder ein Gesenk mit der negativen Form des gewünschten Gegenstandes verwendet. Bei einem Gesenk wird die Prägung besonders scharf, da die Schauseite aufliegt. Modeln sind in der Regel aus Bronze gegossen, Holz oder Stein ist nur bedingt geeignet.

Deckbleche von Scheibenfibeln aus Gold, Silber oder Buntmetall sind plastisch ausgeformt. Solche Bleche wurden über ein Model oder Gesenk gelegt und mit einer Auflage aus plastisch verformbarem Material, Blei, Wachs oder Leder, abgedeckt. Durch einen kräftigen Schlag mit einem großen Hammer entweder auf die Auflage oder – das ganze gewendet – direkt auf den Model schmiegt sich das Blech der Form an. Bei komplizierten Formen wird das Blech partiell mit einem kleinen Hammer oder einem Stempel eingehämmert.

In der Pressblechtechnik lassen sich Serien von plastisch verziertem Schmuck schnell und metallsparend herstellen (Abb. 90). Im späten 7. und frühen 8. Jahrhundert nutzten Kleriker aus Klöstern und Bischofssitzen diese Technik, um christliche Motive auf Anhängern und Fibeln zu verbreiten.

PUNZIEREN, STEMPELN UND GRAVIEREN

Beim Punzieren wird ein Stempel mit dem gewünschten Muster mit einem Hammerschlag in eine Metalloberfläche eingedrückt. Kleine eingestempelte Kreise, gepunktete Dreiecke, gegitterte Rauten finden sich vorzugsweise auf Gürtelzubehör aus der zweiten Hälfte des 6. Jahrhunderts (Abb. 91).

Mit einem stumpfen Meißel lassen sich ebenfalls Muster in Metall eindrücken; der zickzackartig eingegrabene

■ Abb. 91
Zu einer der im letzten Drittel des 6. Jahrhunderts modischen mehrteiligen Gürtelgarnituren gehörte der bronzene Gegenbeschlag mit reichem Stempeldekor aus Mannheim-Vogelstang Grab 26. Die breiten randbegleitenden Borten zeigen einfache Punzeindrücke und gittergefüllte Dreiecksstempel.

Tremolierstrich auf Nadelschäften oder Schnallenrahmen entsteht so. Ähnlich bearbeitet sind oftmals die gepunzten Grate von Kerbschnittarbeiten.

Massiv gegossene oder geschmiedete Gegenstände erlauben die Anwendung von Verzierungstechniken, bei denen mit dem Meißel, dem Bohrer oder einer Feile Metallteilchen entfernt werden. Häufig werden Verzierungen auch graviert, z. B. Ritzlinien mit einem Stichel oder Kreise mit dem Zirkel, feinste Späne werden dabei von der Oberfläche abgenommen.

DRAHTHERSTELLUNG

Draht wurde in der Merowingerzeit aus Blechstreifen gewonnen. Die Verwendung von Zieheisen war nicht üblich. Dünn ausgehämmertes Blech aus Gold, Silber oder Messing lässt sich zu schmalen Blechstreifen schneiden, die sich fast von selbst verwinden. Die Blechspirale wird nach Bedarf mehr oder weniger fest verdrillt und dann auf einer glatten Unterlage zu einem rundstabigen Draht gewalzt. Am Draht ist dann oft noch eine spiralig umlaufende Naht erkennbar.

AUFGELÖTETE ZIERDRÄHTE UND GRANALIEN

Filigrandraht (Abb. 92 und 93) hat so auszusehen, als ob er aus einer Reihe kleiner Kügelchen bestünde. Er kann aus Blechstreifen gefaltet oder gewendelt sein. Mit einer zweikantigen Perldrahtfeile arbeitet der Goldschmied aus glattem Draht eine Perle nach der anderen heraus. Unter der Feile oder einem Messer kann Draht so abgerollt werden, dass er eine gewindeförmige Oberfläche erhält.

Für Goldkügelchen (Granalien) werden Schnipsel von Blech oder Draht in einem Tiegel zwischen Ascheschichten auf über 1063 °C erhitzt, das Gold gerinnt dann zu Kügelchen.

Der Goldschmied fixiert glatten Draht, Filigrandraht oder Granalien auf einer goldenen Grundplatte im Reaktionslötverfahren, dem Standardverfahren zur Verbindung von zwei Edelmetallen. Die Unterlage bestreicht er dafür mit einem organischen Klebstoff, z. B. Quittensaft oder Weizenleim, der mit pulverisiertem Kupfersalz, z. B. Malachit ($CuCO_3$), angereichert ist. Die Drähte werden aufgelegt und alles langsam erhitzt. Bei 300 bis 400 °C verwandelt sich das Kupfersalz zu schwarzem Kupferoxid, bei 600 °C verkohlt der Leim, die Kohle bewirkt bei 850 °C eine Reduktion des Kupferoxids zu Kupfer. Das metallische Kupfer diffundiert in die Oberflächen der zu lötenden Teile. Die so entstandene kupferhaltige Oberflächenlegierung besitzt einen niedrigeren Schmelzpunkt als das Grundmaterial und wirkt als Lot. Für das Löten von Filigran reichte ein Holzfeuer, das ohne künstliche Luftzufuhr Temperaturen zwischen 600 und 700 °C erreicht.

CLOISONNÉ UND STEINFASSUNGEN

Um einzelne Edelsteine oder Glaseinlagen zu befestigen, wurden Kastenfassungen aus einem Blechstreifen gebogen und deren Oberkante über die Einlage

■ Abb. 92
Ein großer Anhänger und zwei der kleinen Scheiben haben jeweils einen hohlen Mittelbuckel, die anderen sind flach. Als Öse wurde eine aufgeschnittene gerippte Blechperle über den Rand geschoben und verlötet. Jeweils zwei Anhänger stimmen im Filigranmuster überein, das bei den großen zweizonig, bei den kleinen einzonig gestaltet ist. Nur der große Anhänger mit Buckel und mehrzeiliger Borte am Rand steht allein und bildete offensichtlich die Mitte des Colliers. Das Filigranmuster ist wie üblich geometrisch gestaltet und aus Ringen, halben Bögen und Doppelspiralen aufgebaut. Scheibenförmige Anhänger mit Filigrandekor findet man in den Zentren des Merowingerreiches westlich des Rheins extrem selten.

Schmuckanhänger mit Filigranauflagen haben nördlich der mittleren Donau eine längere Tradition. Im frühen 6. Jahrhundert tauchten sie in langobardischen und thüringischen Gräbern auf, im Frankenreich erstmals im zweiten Viertel des 6. Jahrhunderts im Schmuckensemble der langobardischen Prinzessin unter dem Kölner Dom. In der zweiten Hälfte des 6. Jahrhunderts waren die runden Filigrananhänger bei den reichen Frauen in den östlichen Teilen des fränkischen Reiches, vor allem zwischen nördlichem Oberrhein und oberer Donau, sehr beliebt.

■ Abb. 93
Typisch für das letzte Drittel des 6. Jahrhunderts sind kleine Anhänger mit Mittelbuckel, wie der aus Grab 59 von Mannheim-Vogelstang, auf die feine Golddrähte aufgelötet sind. Diese Form der Filigrananhänger ist aus dem langobardischen Italien bekannt.

gedrückt. Bei Cloisonnéarbeiten sind die Fassungen in Reihen wie Zellen angeordnet (Abb. 94).
Cloisonnierte Fibeln (Abb. 95) bestehen aus einem silbernen Grundblech, in das Nadelrast und Achshalter durch einen Schlitz eingesteckt sind. Die Vorderseite ist ganzflächig mit silbernem vergoldeten Zellwerk bedeckt, das Randblech mit einem Filigrandraht gefasst. Die Zwischen-

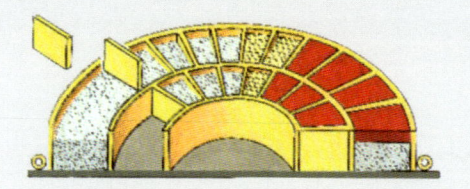

■ Abb. 94
Am Beispiel einer Scheibenfibel erklärt die Zeichnung die Cloisonnétechnik. Auf einer metallenen Grundplatte wird ein Zellenwerk aus radialen Stegen zwischen dem Randstreifen und weiteren Zonen aufgelötet. Die kleinen Zellen werden mit einer Kittmasse aus Quarzsand oder Kalzit gefüllt und einer Goldfolie abgedeckt, darauf liegen die planen, in der Zellenform zugeschnittenen Almandinplättchen. Das Breithämmern der Stegoberkanten verhindert das Ausfallen der Steine.

■ Abb. 95
Die etwa 30 bis 35-jährige Frau aus Mannheim-Sandhofen Grab 86 trug in der Mitte des 6. Jahrhunderts die 2,74 cm große silberne Scheibenfibel. Der 4 mm hohe silberne Rand und das silberne Stegwerk sind vergoldet. In den 14 Zellen der äußeren Zone und sechs der inneren liegen plane Almandine auf einfach gegitterter Goldfolie. Zwei kreisabschnittförmige Zellen sind mit dunkelblauen Glaseinlagen gefüllt.

stege sind oft nur nachlässig mit der Umfassung verlötet und reichen oft nicht bis auf das Grundblech, sondern stecken in der Füllmasse. Die planen Almandine liegen auf gegitterter Folie, die Licht reflektiert.

Als im späten 6. Jahrhundert keine Almandinplättchen aus Indien mehr eintrafen, verschwand der Zellendekor.

Steineinlagen in Einzelfassungen waren im 7. Jahrhundert auf Goldscheibenfibeln üblich. Diese Fibeln bestehen aus einem gegossenen oder getriebenen bronzenen Grundblech, Nadelrast und Achshalter sind auf der Rückseite entweder angegossen, aufgenietet oder durch einen Schlitz gesteckt. Die goldenen, mit Kitt hinterfüllten Deckbleche sind aufgenietet, die Kastenfassungen aufgesetzt. Das Deckblech ist unter den Fassungen oft ausgespart, und die Laschen des Deckblechs sind in die Zargenwand gebogen, um die Verbindung von Trägerblech und Fassung zu vergrößern. Die große Masse der Ziersteine, die in Kitt bzw. eine kalkhaltige Masse gebettet sind, besteht aus Glas. Edelsteine befinden sich vereinzelt in der Mittelfassung.

LITERATURHINWEIS

Benno Urbon, Die hohe Kunst der Tauschierung bei Alamannen und Franken. Untersuchungen zur Technik und ein Katalog aller tauschierten Funde in Württemberg und Hohenzollern (Stuttgart 1997)

BEINSCHNITZER, GLASBLÄSER UND PERLENMACHER

■ Abb. 96
Die 4,4 cm hohe Knochendose gehörte einem über 60-jährigen Mann in Vogelstang Grab 227. Das zylindrische Gefäß wurde aus Knochen gedrechselt und außen durch umlaufende Rillen verziert. In den Boden ist eine gedrechselte, ebenfalls mit konzentrischen Rillen versehene Platte eingelassen. An zwei gegenüberliegenden Stellen befanden sich ursprünglich vor der Wand stehende horizontale Ösen, die beide ausgebrochen sind. Der 1,8 cm hohe, hohle Deckel ist ebenfalls aus Knochen gedrechselt und rillenverziert. Die Deckplatte fehlt, vorhanden ist noch der kleine Falz, auf dem sie auflag. Mit einem breiten Absatz ließ sich der Deckel sicher in die Dose einsetzen.

■ Abb. 97
Eine junge Frau aus Mannheim-Vogelstang Grab 222 besaß zwei Spinnwirtel, einen schwereren doppelkonischen aus Ton und einen leichten kegelabschnittförmigen, der aus Knochen gedrechselt ist. Der Beinwirtel zeigt die übliche mit einem Zirkel eingezogene Verzierung.

OBJEKTE AUS GEWEIH UND KNOCHEN

Schmuck und Kleidungszubehör sowie Geräte und Behältnisse (Abb. 96 und 97) wurden nur ersatzweise aus Bein gefertigt. Spinnwirtel waren üblicherweise aus Ton, seltener sind solche aus Gelenkköpfen.

Aus Hirschgeweih wurden im frühen Mittelalter Kämme und ihre Futterale hergestellt, Geweihspitzen und Geweihrosen fanden bei Amuletten Verwendung. Geweih ist zwar elastischer als Knochen, doch wichtig war der Symbolgehalt: Weil der Hirsch sein mächtiges Geweih jährlich erneuert, symbolisiert er Stärke und Fruchtbarkeit. Auch die sichtbar schnell wachsenden Haare galten in vielen Kulturen als Sitz des Lebens und der Stärke und bedurften deswegen besonderer Pflege. Die christliche Liturgie verlangte das Kämmen der Haare zum Ordnen der Gedanken.

Die Dicke der Geweihstangen des Hirsches hängt von den Rosenstöcken am Stirnbein ab und deren Größe vom Alter des Tieres. Da die Härte des Geweihs im Laufe des jährlichen Wachstums zunimmt, liefern voll ausgebildete Herbstgeweihe oder die im Spätherbst abgeworfenen Stangen das beste Material. Geweih ist an den Rosenstöcken und in den Spitzen massiv, im Kern jedoch

■ Abb. 98
Der gut erhaltene, doppelreihige knapp 12 cm lange Kamm zeigt keine Abnutzungsspuren. Die doppelten Leisten sind mit einem Rautenmuster strichverziert und mit je fünf eisernen Nieten fixiert. Die eingeklemmten Platten sind auf einer Seite fein, auf der anderen grob gezähnt. Der kaum benutzte Kamm wurde im späten 6. Jahrhundert einem in Straßenheim Aue Grab 16 beigesetzten Krieger mitgegeben.

■ Abb. 99
Kammmacher, mit deren Produkten die Familien im Rhein-Neckar-Raum versorgt wurden, stellten im 6. Jahrhundert nur die aus provinzialrömischen Werkstätten bekannten doppelreihigen Kämme her. Große einreihige Kämme wurden hier erst im 7. Jahrhundert produziert. Der einreihige 14 cm lange Kamm mit gebogenem Rücken und gewölbten, an den Enden rillenverzierten Leisten aus Mannheim-Vogelstang Grab 85 gehörte im dritten Viertel des 7. Jahrhunderts einem Mann der sozialen Mittelschicht.

porös. Diese spongiöse Gewebestruktur ist von einem dichten Knochenmantel umgeben, der das Rohmaterial für die Kämme abgibt. Dazu werden die Geweihstangen in Abschnitte zerlegt, von der Rinde befreit und zu Platten gesägt.

Dann wurden diese kurzen Geweihplättchen zwischen zwei lange schmale Leisten vernietet und mit einer Säge gezähnt. Einreihig gezähnte Kämme (Abb. 99) sind relativ selten, üblich waren die doppelreihig gezähnten (Abb. 98), die im 6. Jahrhundert eine extrem eng gezähnte und eine grob gezähnte Reihe aufweisen. Im Laufe des 7. Jahrhunderts verringerte sich die Zähnungsdifferenz und die Zähnung wurde insgesamt gröber.

Beinschnitzer und Kammmacher waren spezialisierte Handwerker, sie arbeiteten in Werkstätten, die es nicht überall gab. So kam es schon einmal vor, dass aus zwei alten Kämmen ein neuer montiert wurde. In Straßenheim Aue wurde ein einreihiger Kamm sogar repariert: Ihm wurde ein neuer Zahn eingesetzt (Abb. 100). Da kaum ausreichend Münzen im Umlauf waren, ist schwer vorzustellen, wie die Erzeugnisse ihre letzten Abnehmer erreichten. Jahrmärkte gab es – zumindest im westlichen Frankenreich. Doch viele Kämme dürften über Abgaben an den Herrn und Geschenke an die Gefolgsleute vertrieben worden sein.

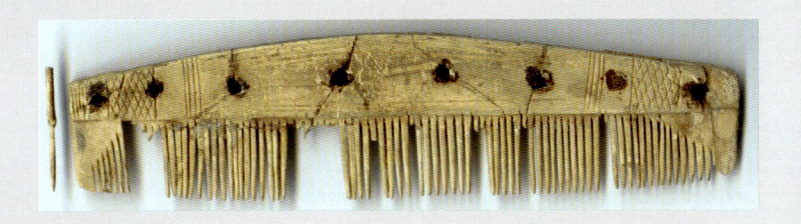

Abb. 100
Der 19 cm lange einreihige Kamm mit breiten dachförmigen, durch Rillen sowie Gitterschraffur verzierten Leisten wurde bereits 1932 in Straßenheim Aue geborgen. Bereits damals notierte der Ausgräber Franz Gember: »Wichtig bei dem Kamm: Es war ein Zahn abgebrochen, dafür wurde in einer Bohrung ein einzelner Zahn eingesetzt. Der Kammacher muss also einen Trillbohrer gehabt haben. – Bei diesem Kamm fällt auf, daß bei dem Einsägen der Zähne steil gesägt wurde, um die Verzierung der tragenden Längsleisten nicht zu beschädigen. Bei einfachen Kämmen gehen die Sägespuren weit auf die Längsleiste.«

GLAS – DER ÄLTESTE KUNSTSTOFF

Glas ist ein färbbarer, harter, aber zerbrechlicher »Kunststoff« aus Quarzsand, Soda und Kalk. Er lässt sich in einem relativ großen Temperaturbereich erweichen und formen. Rohglas wurde im frühen Mittelalter weitgehend nach römischen Rezepten bei Temperaturen von 1000 bis 1100 °C geschmolzen. Nur ließen die Glasmacher bei der Auswahl eisenarmer Sande und entfärbender Zusätze weniger Sorgfalt walten als in römischer Zeit. Vermutlich wurde Soda aus nordafrikanischen Salzseen – Wadi Natrûn – als Flussmittel verwendet. Im frühmittelalterlichen Glas sind 16 bis 19 % Natriumoxid chemisch nachzuweisen. Zur Stabilisierung des wasserlöslichen Natriumsilikats wurde dem Quarzsand Kalk zugefügt. Enthalten sind 6 bis 8 % CaO.

Die Herstellung von Glas erfolgte in mehreren Arbeitsprozessen und setzte ein umfangreiches Spezialwissen der Glasmacher sowie entsprechende technische Anlagen voraus. Daher ist nicht sicher, ob überhaupt Glas im Merowingerreich hergestellt wurde. Im byzantinischen Reich war das dort in Massen produzierte Rohglas ein Fernhandelsprodukt. Ganz sicher byzantinischer Herkunft ist das kobaltblau eingefärbte Glas.

Die fränkischen Handwerker beherrschten die Technik, Glas an der Pfeife am Ofen zu bearbeiten. Die erstaunlich dünnwandigen Gläser (Abb. 101 bis 105) sind zum Teil frei, zum Teil in Form geblasen und zeigen am Boden die Narbe des Hefteisens. Am Hefteisen hängend wurden die von der Pfeife abgeschnittenen Hohlgläser überarbeitet und ihr Rand rundgeschmolzen.

Bisher konnte noch keine fränkische Glashütte mit Ofen archäologisch genauer untersucht werden. Glasverarbeitung ist in rechtsrheinischen Gebieten für das 6. und 7. Jahrhundert nicht nachzuwei-

■ Abb. 101
Der konische Glasbecher mit schräg geriefter Wand wurde in einer kleinen Nekropole an der Chemnitzer Straße in Mannheim-Vogelstang geborgen. Er war im späten 5. Jahrhundert, als die Region noch unter alamannischer Herrschaft stand, im Gebrauch. Zum Formenrepertoire des späten 5. Jahrhunderts zählen die Glockenbecher mit einem aus dem Boden herausgedrückten Standring. Ihre Produktion läuft im ersten Viertel des 6. Jahrhunderts aus. Die beiden Becher aus Altlußheim (links) und Mannheim-Vogelstang Grab 151 (rechts) gehören zu den jüngsten Stücken.

■ Abb. 102
Den aufwendigsten Dekor erhielten in merowingischer Zeit die Becher in glockenförmiger Gestalt mit den am Bauch angebrachten Rüsseln. Im 5. Jahrhundert waren es noch zwei Rüsselreihen, im 6. Jahrhundert reichten die Fähigkeiten der Glasmacher offensichtlich nur noch für eine Rüsselreihe, wie bei dem Becher aus Mannheim-Vogelstang Grab 152B. Für die Rüssel wurde ein Glastropfen auf die heiße Wand des noch an der Pfeife hängenden Gefäßes aufgesetzt, durch gleichzeitiges Blasen und Ziehen wird die Wand in den Glastropfen hineingezogen.

■ Abb. 103
Sturzbecher, hohe, leicht konische Becher mit gerundetem Boden, sind eine typische Form des 6. Jahrhunderts, sie kommen mit glatter oder geriefter Wand vor. Die älteren haben einen stärker geweiteten Rand, die jüngsten sind steilwandig und engmundig. Am Rhein sehr selten sind Becher mit spitz ausgezogenem Boden, die Form ist zwischen Somme und Seine üblich. Von links nach rechts: Vogelstang Grab 259, 129, 326, 179, Altlußheim, Vogelstang Grab 157.

Abb. 104
Das flaschenförmige Glasgefäß mit Standring aus Straßenheim Aue Grab 65 ist in den Gräbern an Rhein und Neckar ein Unikat. Die kugeligen Glasbecher sind im Verhältnis zu den Sturzbechern selten. Bei den Verzierungen wurden die in Glashütten üblichen Techniken angewandt. Geriefte Wände sind durch Blasen in eine Form zu erzielen, schräge Riefen durch Vorblasen in eine Drahtform und durch Drehen des Glaskörpers in eine Holzform. Fäden aus weißem oder grundfarbenem Glas wurden aufgesponnen, die kleinen Füßchen des hellblauen Glases sind aus der Wand herausgezogen.

sen. Das in den Neckar-Raum gelangte Glas stammt überwiegend aus Glashütten, die im Gebiet zwischen Maas und Rhein zu suchen sind. Der Glashandel erfolgte weitgehend über die Flüsse; deshalb machen sich Wasserscheiden in der Verbreitung deutlich bemerkbar.

GLASPERLEN

Zum Einfärben des Glases reichen geringe Konzentrationen von oxidierten Metallen in der Schmelze, wie Eisen (Fe), Kupfer (Cu), Blei (Pb), Strontium (Sr), Zinn (Sn), Antimon (Sb), Barium (Ba), Mangan (Mn), Rubidium (Rb).

Für die Herstellung einfarbiger Glasperlen genügten Grundkenntnisse der Glastechnologie. Die mehrfarbigen Perlen sind Produkte spezialisierter Handwerker. Offensichtlich waren die Fähigkeiten der Perlenmacher recht unterschiedlich.

Geblasene Perlen: Eine an der Pfeife hängende Glasblase lässt sich zu einem Röhrchen ziehen, von dem Perlen abgekniffen werden können (Abb. 106). Diese geblasenen Perlen zeigen eine querstreifige Struktur. Bei farblosem Überfangglas ist eine metallene Folie zwischen zwei Glasschichten zu beobachten. Perlen aus leicht durchscheinendem Glas treten in den Farben Grün oder Blau auf, bei den

■ Abb. 105
Die kurzen Becher mit geweitetem Rand und rundem Boden, Tummler genannt, sind eine typische Form des 7. Jahrhunderts. Die älteren haben einen gerundeten, die jüngeren einen breit umgelegten Rand. Es gibt glattwandige Tummler und solche, die in eine Form geblasen wurden und dadurch einen stark profilierten Boden und zum Rand hin auslaufende Rippen erhielten. Von links nach rechts: Vogelstang Grab 371, Grab 115, hinten Grab 348; Altlußheim; Vogelstang Grab 333.

■ Abb. 106
Die Perlen aus Hermsheimer Bösfeld Grab 124 wurden von geblasenen Glasröhrchen abgeschnitten. Das Röhrchen bildet das Fadenloch, und der Perlkörper weist eine querlaufende Struktur auf. Diese Perlen sind im späten 5. bis frühen 6. Jahrhundert häufiger zu finden. Produziert wurden geblasene Perlen vor allem in mediterranen Glashütten, wo blaues Glas zur Verfügung stand.

106

■ Abb. 107
Die in Grab 140 auf dem Hermsheimer Bösfeld gefundene Perle aus durchscheinend bläulichgrünem Glas hat einen Durchmesser von knapp 2 cm und eine Fadenlochlänge von gut 1 cm. Die etwa ringförmige Perle wurde gewickelt und durch neun Kerben gerippt.

■ Abb. 108
Die in dem Kinderdoppelgrab 1018 vom Hermsheimer Bösfeld gefundenen Perlen aus dem dritten Viertel des 6. Jahrhunderts stammen aus ganz unterschiedlichen Werkstätten. Typisch für die in der Maasregion arbeitenden Perlenmacher sind in dieser Zeit die opak gelben und roten Perlen, für deren Herstellung ein Glasfaden um einen eisernen Stab gewickelt wurde. Diese Technik ist vor allem bei der Verzierung erkennbar, nämlich bei den aufgesponnenen Fäden, die spiralig umlaufend oder in Wellen aufgelegt sind. Eine kleine Spezialität einer Maastrichter Werkstatt sind die flachen gelben Anhängerperlen.
Aus einer gänzlich anderen Gegend dürften die gerippten Perlen, für die transluzides Glas verwendet wurde, stammen. Die Verzierung durch Kerben war schon in römischer Zeit üblich; dennoch ist anzunehmen, dass es sich hier nicht um Altstücke handelt, denn auffallend häufig treten solche Perlen im 6. Jahrhundert in Kombination mit mediterranen Millefioriperlen auf.

roten oder orangefarbenen handelt es sich meist um einen farbigen Überzug.

Gewickelte Perlen: Wurde ein aus der Schmelze gezogener Glasfaden um einen dünnen Eisenstab gewickelt, zeigen Perlen eine umlaufende Struktur. Bei den durch Kerben gerippten Perlen sind die Wickelspuren an den Seiten noch sichtbar (Abb. 107).

Im 6. Jahrhundert setzten sich die Perlen aus opakem Glas durch, zunächst in den Farben rotbraun und gelb (Abb. 108), dann folgten milchig weiße, grüne und im 7. Jahrhundert orangefarbene sowie viele bläulich grüne Farbtöne (Abb. 110 und 111). Die opaken Glasperlen aus Werkstätten des Merowingerreiches sind alle um einen meist leicht konischen, selten vierkantigen Eisenstab gewickelt und wurden dann auf einer glatten Platte gerollt und geformt. Während die Fadenlöcher im 6. Jahrhundert zwischen 2 und 4 mm Durchmesser aufweisen, haben die größeren Perlen aus dem 7. Jahrhundert entsprechend größere Fadenlöcher von 5–6 mm Durchmesser.

Auf gewickelte Perlen aus opakem Glas wurden andersfarbene Punkte oder mehrschichtige Augen aufgetropft.

Andersfarbene spiralig aufgewickelte Glasfäden ergaben Streifenmuster, sich kreuzende wellenartig aufgesponnene Fäden fügten sich zu Schleifen oder Flechtbändern, die gern mit einem Punkt gefüllt wurden.

Für eine besonders aufwendige Verzierung wurden die Fadenauflagen »gekämmt«, also durch Einstiche verzogen (Abb. 109).

Perlen aus Reticellaglas: Bei großen Prunkperlen, den so genannten Reticel-

■ Abb. 109
Eine Prunkperle von 1,9 cm Durchmesser aus Grab 558 vom Hermsheimer Bösfeld hat einen rotbraunen Korpus, auf den ein gelber Glasfaden in engen Wellen aufgesponnen wurde. Anschließend wurde in die Seitenfläche gestochen und die noch weiche Glasmasse wirbelartig verzogen.

■ Abb. 110
Im letzten Drittel des 6. Jahrhunderts waren die kleinen gelben und rotbraunen kugeligen Perlen immer noch reichlich vorhanden. Typisch sind nun die langen zylindrischen Perlen mit aufgesponnenen und sich kreuzenden Wellenbändern sowie Punkten in den Schleifen. Aus ganz anderen Zusammenhängen stammen die gerippte Perle aus transluzid blauem Glas, die Millefioriperle, die kleinen Perlen aus Streifenmosaikglas in den Farben grün, blau, weiß und rot und die aus Muscheln hergestellten weißen Perlmuttperlen.

laperlen, besteht der Korpus aus einem oft nur an den Seiten noch erkennbaren opaken oder translzuziden unifarbenen Glas. Auf diesen Perlkörper sind mehrere Bänder, die jeweils aus mehreren miteinander tordierten Glasfäden bestehen, dicht an dicht liegend aufgeschmolzen und anschließend glattgewalzt. Durch Wechsel in den Torsionsrichtungen werden Tannenzweigmuster erzielt. Das Farbenspektrum ist begrenzt, verwendet wurden stets opak rote und gelbe und etwas seltener transluzid grüne Glasfäden. Es kommt bei dieser in der Mitte des 6. Jahrhunderts produzierten Gruppe von Reticellaperlen weder weißes noch blaues Glas vor.

Wo diese einzeln über ganz Europa streuenden Reticellaperlen hergestellt wurden, ist ebenfalls unbekannt. In den langobardischen Gräbern an der mittleren Donau und in Italien kommen sie sehr viel häufiger vor als am Rhein, dort sind größere Stückzahlen pro Kette zu beobachten (siehe Abb. 141).

Wenn von gebündelten und mitein-

■ Abb. 111
Bei dem Perlenensemble aus Grab 904 vom Hermsheimer Bösfeld haben sich Formen und Farben gegenüber den Perlen aus dem 6. Jahrhundert erheblich verändert. Die einzelnen Perlen sind größer. Bei den Formen dominieren seit dem zweiten Viertel des 7. Jahrhunderts die doppelkonisch-tonnenförmigen, ab der Mitte des 7. Jahrhunderts kommen die flachen mandelförmigen mit durchlaufendem Mittelgrat hinzu. Neben dem zu allen Zeiten beliebten Rotbraun sind hier weiße, orange sowie grüne bis blaugrüne Perlen zu verzeichnen. Außergewöhnlich ist in diesem Ensemble die große Zahl an Prunkperlen, die üblicherweise an den von Fibeln getragenen Gehängen verwendet wurden.

ander verschmolzenen mehrfarbigen Glasstäben Stücke abgeschnitten werden, zeigen die Schnittflächen ein mosaikartiges Muster. Häufig hat es die Form von vier Blütenblättchen – so genanntes Millefiori – oder Augen; auch Ringe und Streifen kommen vor.

Für eine Perle wurden mehrere unterschiedlich gemusterte Millefioristücke zu einem kurzen Band zusammengefügt und dieses um einen Stab gefaltet. Die Perlen haben daher eine querlaufende Naht, und ihre Muster reichen durch bis ins Fadenloch. Schon die regelhafte Verwendung von blauem Glas, das die Stäbe umfängt, deutet die Herkunft aus dem ostmediterranen, byzantinischen Raum an (siehe Abb. 140).

LITERATURHINWEISE:

Ursula Koch, Die modische und technologische Entwicklung der Kämme. In: Mannheim vor der Stadtgründung Teil I, Bd. 2 (Regensburg 2007) 168–178.

Birgit Maul, Frühmittelalterliche Gläser des 5.–7./8. Jahrhunderts n. Chr. Universitätsforschungen zur Prähistorischen Archäologie Bd. 84 (Bonn 2002).

Martin Zimmermann, Glashandwerker im Frühmittelalter (Lübeck 2014).

TEXTILVERARBEITUNG

■ Abb. 112
Die 7,9 cm lange Eisenplatte aus einem 1934 aufgedeckten Grab von Straßenheim Aue diente einst als Rückenbeschlag einer dreiteiligen Gürtelgarnitur. Sie weist auf beiden Seiten Reste von Gewebe mit z-gedrehten Kettfäden und s-gedrehten Schussfäden auf. Auf der einen Seite handelt es sich um zwei Gewebelagen; erhalten ist ein größeres Stück von einem 2:2 Köper, der in einen 2:1 Köper wechselt. Deshalb könnte es sich um Diamantköper (im Karomuster) handeln. Nur im Mikroskop ist erkennbar, dass die versponnene Wolle von unterschiedlicher Qualität war, also wenig sortiert. (Nach dem Untersuchungsbericht von Francesca Coletti)

Das frühmittelalterliche Textilhandwerk lag bei der im ländlichen Raum üblichen Subsistenzwirtschaft in den Händen von Frauen. Während Werkzeuge, die etwas über die handwerkliche Tätigkeit von Männern verraten, extrem selten in die Gräber gelangten, wurden den Frauen und Mädchen öfter Geräte zur Textilverarbeitung mitgegeben. Dass diese Geräte einen hohen Symbolwert hatten, verrät die Flachsbreche bei einem zweijährigen Kind.

Die enorme Bedeutung, die das Textilhandwerk seit vorgeschichtlicher Zeit hatte, und der im frühen Mittelalter erreichte Standard lassen sich mit archäo-

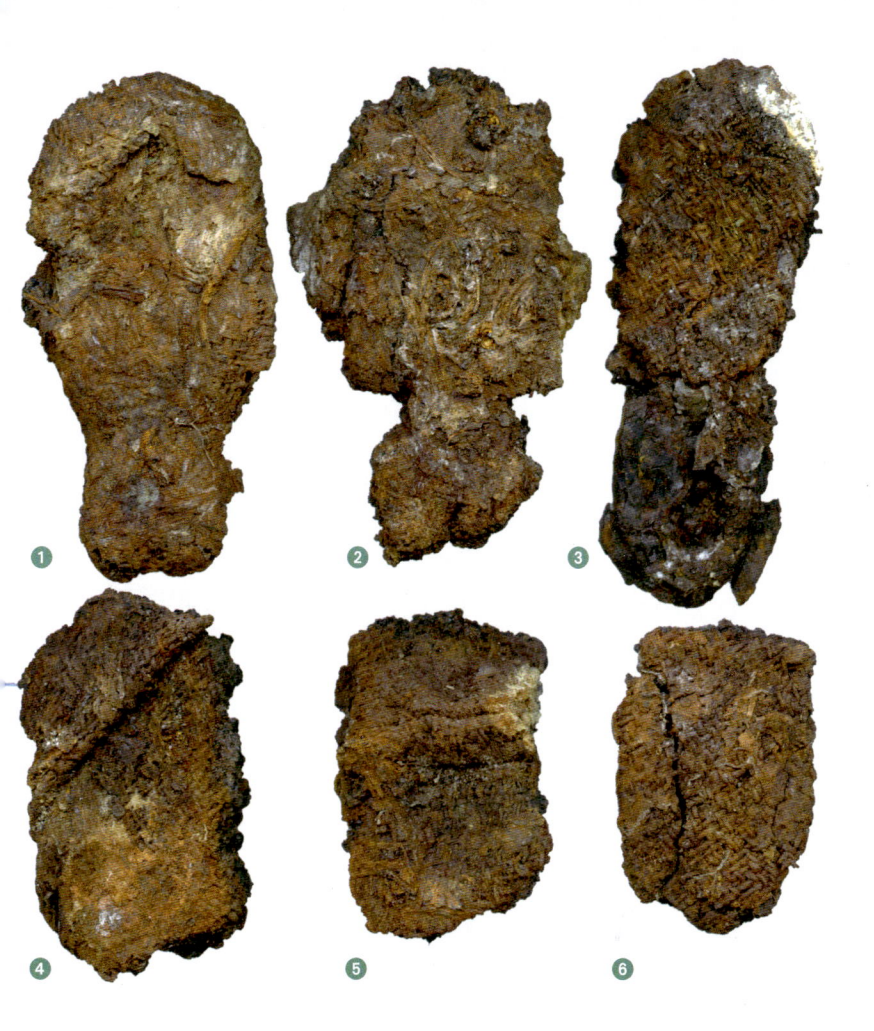

■ Abb. 113
An den Beschlägen und Riemenzungen der vielteiligen Gürtelgarnitur aus Vogelstang Grab 409 lassen sich außer Textilien auch Federn nachweisen (1; 2). Zwischen dem Toten und den Federn befand sich aber stets eine Lage Textil; denkbar wäre, dass der Reiter auf Polster oder Kissen gebettet war.
Bei den textilen Geweben handelt es sich stets um z-gedrehtes Garn in Köperbindungen. Die Garne sind zwischen 0,5 und 1 mm stark, die Webdichte schwankt, gezählt wurden 8 zu 10 bis 12 Fäden. Einmal ist das Gewebe in zwei Falten gefallen (4). Eine Riemenzunge (5) ist von einem köperbindigen Gewebe mit einer wulstigen Naht bedeckt, die Fadenstärke liegt bei 0,5 bis 1 mm und die Webdichte bei 9 zu 15 Fäden auf 1 cm. Die beiden aufeinanderstoßenden Gewebekanten wurden durch diagonal zur Mittelrippe verlaufende Fäden vernäht. Der Nähfaden war mit 0,3 bis 0,5 mm feiner. Eine weitere Riemenzunge (6) ist mit köperbindigem Gewebe bedeckt. Für beide Fadensysteme wurde z-gedrehtes Garn von 0,5 bis 1 mm Stärke verwendet; die Webdichte liegt bei 10 zu 12,5 Fäden auf 1 cm. In diesem Fall gelang der Nachweis von Diamantköper. (Alle Angaben nach dem Untersuchungsbericht von Elke Sichert)

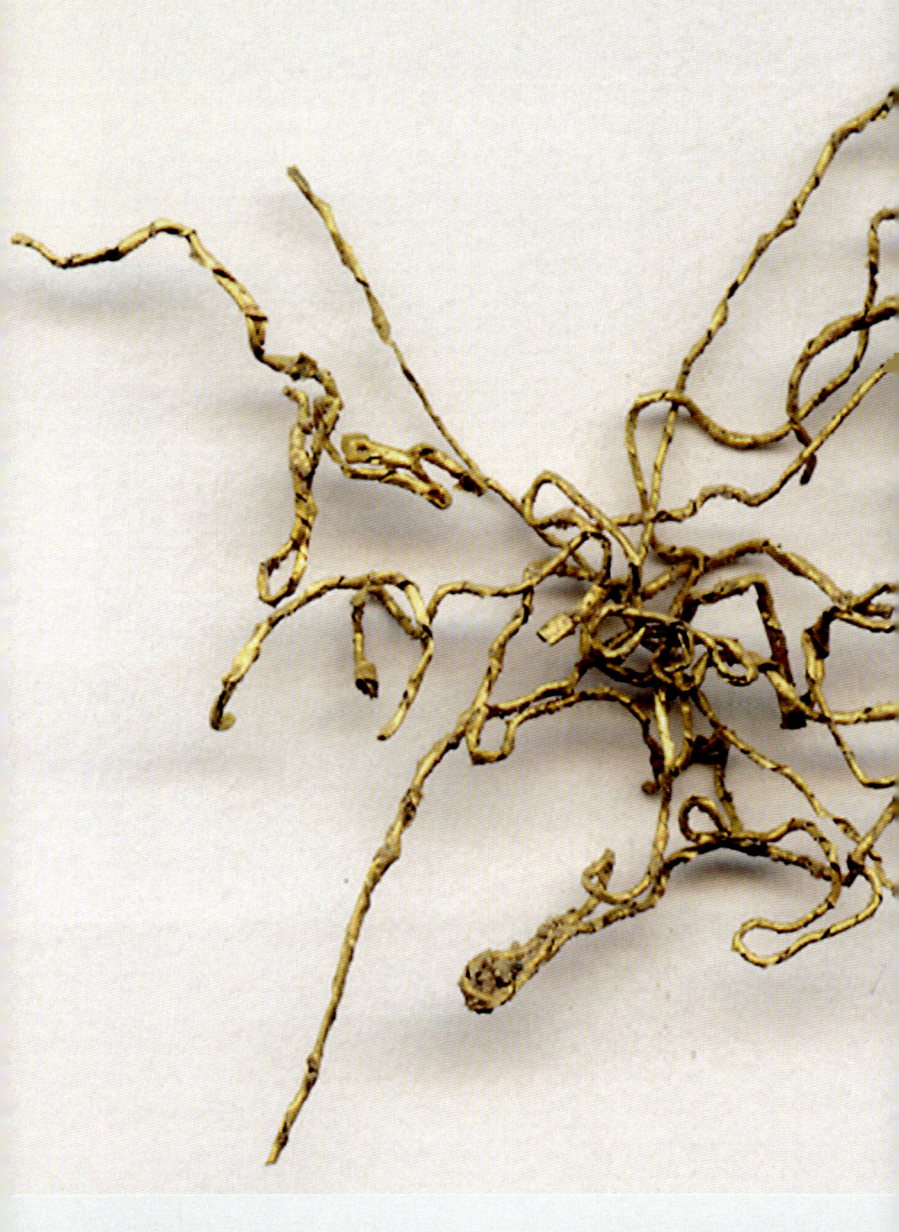

■ Abb. 114
Es ist anzunehmen, dass die in Grab 30 von Straßenheim gefundenen Goldlahne, die von einer Goldfolie abgeschnitten und relativ eng um eine textile Seele gewickelt waren, als Schussfäden in der Fläche verarbeitet waren. Denn wären die Goldfäden in Borten eingewebt gewesen, hätte es runde Bogenköpfe geben müssen. Nicht auszuschließen ist, dass sie als Stickfaden gedient hatten. (Angaben von Sylvia Mitschke)

logischen Funden nur schwer darstellen. Denn organische Materialien erhalten sich im mitteleuropäischen Klima selten im Boden. Metallene Gegenstände können jedoch, wenn sie im Boden korrodieren, die benachbarten organischen Materialien konservieren, Textilien, Leder, Federn oder Holz sind dann in mineralisierter Form erhalten.

Die kleinen Textilreste verraten immerhin, ob der metallene Schmuck in einem grob oder fein gesponnenen und einem einfach oder mit aufwendigem Muster gewebten Stoff steckte oder von ihm verdeckt wurde (Abb. 112 und 113). Nur wenn die Befundlage genau bekannt ist, erlauben die Fragmente Aussagen über die einstige Verwendung von Textilien.

Merowingerzeitliche Gewebe bestehen oft aus z-gedrehten Kettfäden und s-gedrehten Schussfäden. Neben der einfachen Leinenbindung waren Köperbindungen, die am schräg verlaufenden Grat zu erkennen sind, sehr beliebt.

DAS GOLDTEXTIL AUS STRASSENHEIM

In der Grabanlage 30 der kleinen Nekropole südlich von Straßenheim war die zentrale Grabkammer des 1,92 m großen Reiters später total durchwühlt und geplündert worden. Die Textilien aus organischem Material waren zu dem Zeitpunkt schon vergangen, doch von den mit Gold durchwirkten Stoffen in der Kleidung des vornehmen Mannes fanden sich in der Einfüllung zahlreiche Goldlahnabschnitte (Abb. 114).

Im byzantinischen Reich blieben Goldtextilien hohen Würdenträgern und Angehörigen des Kaiserhofes vorbehalten. Die Herkunft der Goldtextilien, mit denen sich der merowingische Adel schmückte, ist unbekannt. Sicher gelangten solche Stoffe als diplomatische Geschenke in den Norden, doch wurde auch an merowingischen Adelshöfen Goldlahn verarbeitet.

LITERATURHINWEISE

Ina Schneebauer-Meißner, Technologische Untersuchungen an Goldtextilien des frühen Mittelalters. Bericht der Bayerischen Bodendenkmalpflege 53 (2012), 271–336

Carina Stiefel-Ludwig, Merowingerzeitliche Goldtextilien in Süd- und Westdeutschland im sozialen Kontext. Bericht der Bayerischen Bodendenkmalpflege 53 (2012), 337–340

Untersuchungsberichte von Dipl. Rest. Sylvia Mitschke, rem, und den Praktikantinnen Francesca Coletti und Elke Sichert

KERAMIK – PRODUKTION UND VERTRIEB

EIN TÖPFEROFEN AUS STRASSENHEIM

Ein Töpferofen ist für die Keramikproduktion unabdingbar. In der Antike wurden stehende Öfen gebaut mit einem vertikalen Zug, einem Feuerraum und einem Brennraum, die übereinander lagen und durch eine Lochtenne voneinander getrennt waren. Eine Kuppel wölbte sich über den Brennraum.

Im Mittelalter und wohl auch schon im frühen Mittelalter wurden liegende Öfen gebaut (Abb. 115). Die Feuerung ist vom Brennraum getrennt und ist mit diesem durch einen kurzen Brennkanal verbunden. Vor dem Brennraum befindet sich eine Arbeitsgrube, von der aus das Feuer unterhalten wurde.

■ Abb. 115
In Straßenheim wurde 1997 ein mittelalterlicher Töpferofen entdeckt, nur zum Teil frei gelegt und dann im Block geborgen. Für die Ausstellung wurde der Ofen endgültig freigelegt und dann konserviert.
Es handelt sich um einen liegenden Ofen, der noch 90 cm hoch erhalten ist. Er war etwa zur Hälfte seiner ursprünglichen Höhe in den anstehenden Lehm eingetieft. Nicht erhalten ist die Kuppel, die sich einst über dem Brennraum von 95 cm Durchmesser wölbte. Die Innenwände waren anlässlich einer Nachbesserung 5 cm dick mit einem Gemisch aus Lehm und Ziegelsplitt verputzt und mit einem feinsandig geschlämmten Überzug versehen worden. Da der Ofen mehrfach angefeuert und mindestens einmal überarbeitet wurde, weist er eine 10 cm starke, durchgeglühte Ton-/Lehmwandung auf. Durch eine stehengelassene Feuerbank / Ofenzunge wurde die Flamme in zwei – zur besseren Hitzeführung – ansteigende Brennkanäle geteilt. Der Brennraum war durch einen kurzen Kanal mit dem Feuerungsraum verbunden. Dieser halbovale, noch 60 cm lang erhaltene verziegelte Vorbau befand sich ebenfalls im Boden. Nicht geborgen, sondern nur dokumentiert wurde die bis 2,5 m lange Arbeitsgrube. Das Foto zeigt den Zustand während der Freilegung im Museum, einen Blick auf die innere Ofenwandung mit der mächtigen Feuerbank. (Nach dem Restaurierungsbericht von Bernd Hoffmann-Schimpf)

TÖPFER, TÖPFERINNEN UND IHRE PRODUKTE

Die ersten fränkischen Siedler verwendeten vor der Mitte des 6. Jahrhunderts oxidierend hart gebrannte Drehscheibenkeramik aus Töpfereien, die noch in römischer Tradition produzierten. Diese rauwandigen, gelblichen und rötlichen Schalen, Töpfe und Krüge aus einem stark mit Sand gemagerten Ton waren am Oberrhein Importware, und zwar aus linksrheinischen Werkstätten, wie sie aus Mayen bei Koblenz bekannt sind (Abb. 116 und 117). Diese Ware kann zum mitgebrachten Hausrat von zugezogenen Rheinfranken gehört haben. Das gleiche gilt für rottonige Schalen mit fein geschlämmtem Überzug.

Daneben verwendeten die Siedler handgeformtes Geschirr (Abb. 118), das wohl zum großen Teil im Hauswerk

■ Abb. 116
Der 9,5 cm hohe Wölbwandtopf aus Grab 295 vom Hermsheimer Bösfeld wurde in einer Töpferei hergestellt, die mit Formen und Brenntechniken in römischer Tradition arbeitete.
Durch den oxidierend harten Brand erhielt der Topf seine rötliche Färbung. Die raue Wand ergab sich durch die starke Magerung des Tons mit Quarz sowie eisenhaltigen und schwarzen Steinpartikeln.

■ Abb. 117
Eine feintonige rotgestrichene Schüssel mit Standring stand in Grab 53 von Straßenheim Aue, in dem eine Frau der örtlichen Oberschicht beigesetzt war. Die Schale gehört zu den letzten Gefäßen, die noch in der Art römischer Sigillata hergestellt wurden. Die Produktion dieser Ware endete spätestens in der ersten Hälfte des 6. Jahrhunderts.

Abb. 118
In Grab 152B von Mannheim-Vogelstang war einer privilegierten Frau in den 40er Jahren des 6. Jahrhunderts der durch Buckel und hängende Riefen in langobardischer Tradition verzierte Topf mitgegeben worden. Bei dem neben ihr in Grab 151 beigesetzten Säugling stand der unverzierte Becher. Stempeldekor wie auf dem Topf aus Straßenheim Aue Grab 71 war am Oberrhein in der ersten Hälfte des 6. Jahrhunderts sehr beliebt und weit verbreitet. Diese Art von Dekor hatten Zuwanderer aus den sächsisch besiedelten Küstengebieten an den Oberrhein mitgebracht.

produziert wurde. Gute handwerkliche Kenntnisse sprechen nicht dagegen. Da diese handgeformte Keramik einerseits mit ihrem reichen Stempeldekor an nordseegermanische Ware erinnert, andererseits mit dem Dekor aus Riefen und Rippen in elbgermanischer Tradition steht, weist sie auf die sehr unterschiedliche Herkunft der am Oberrhein siedelnden Bevölkerung hin.

Schlagartig standen in der Mitte des 6. Jahrhunderts dann wieder auf der Drehscheibe in Serien produzierte Gefäße ausreichend zur Verfügung, darunter doppelkonische, reduzierend gebrannte, grauschwarze Töpfe aus extrem fein geschlämmtem, fast ungemagertem Ton als besseres Tischgeschirr (Abb. 119).

Entweder wurde der nördliche Oberrhein um 550 an das Vertriebsnetz großer fränkischer Töpfereien im Rhein-Maas-Gebiet angeschlossen, oder es wurden die ersten regionalen Produktionsstätten eingerichtet und Spezialisten angesiedelt, die in fränkischen Großtöpfereien ausgebildet worden waren.

Um Keramik auf der Drehscheibe für eine beständige Nachfrage herstellen zu können, mussten Tonvorkommen erschlossen und Schlämmgruben, Werkstätten sowie Töpferöfen gebaut werden. Dass gerade die ältesten Erzeugnisse mit einfachem Rillen- oder Wellenbanddekor noch keine regionalen Eigenarten erkennen lassen, erstaunt dann wenig. Die ersten Töpfer brachten die Technik und das Formenrepertoire aus ihrer Herkunftsregion mit.

■ Abb. 119
In der Mitte des 6. Jahrhunderts treten erstmals die weiten, doppelkonischen Töpfe auf, die aus fein geschlämmtem Ton auf der Drehscheibe hergestellt wurden. Verziert sind sie nur auf der breiten Oberwand. Umlaufende Riefen begrenzen die Zonen, die entweder mit einem mehrzeiligen Wellenband oder einer Reihe von Gitterstempeln gefüllt sind. In den Gräbern ist diese repräsentative Keramik häufiger als die unverzierte Gebrauchskeramik, die unter den Funden aus Siedlungen dominiert. Vogelstang Gräber 209, 250, 107.

Eine für einen umfangreichen Abnehmerkreis arbeitende Töpferei könnte unter Aufsicht königlicher Beamter gestanden haben oder war im Rahmen einer größeren Grundherrschaft denkbar, die für den Vertrieb der Erzeugnisse und die Weitergabe und sinnvolle Verwendung der dafür eingetauschten Naturalien sorgen konnte.

KERAMIKVERTRIEB

Im letzten Drittel des 6. Jahrhunderts machten sich die ersten regionalen Eigenheiten bei der scheibengedrehten Keramik bemerkbar. Im späten 6. bis ins frühe 7. Jahrhundert traten Töpfe mit eingerollten Zierstreifen auf, deren Muster sich nach ca. 9–11 cm wiederholen. Dafür verwendeten die Töpfer Rollrädchen, in die Muster eingekerbt waren (Abb. 120 bis 122). Aufgrund der kombinierten unterschiedlichen Motive lassen sich die verwendeten Rädchen gut bestimmen. Bei einem Vergleich aller auf den Töpfen vorkommenden Rädchenmuster zeigt sich schnell, dass die Rollrädchen mehrfach verwendet wurden. Über charakteristische Rollrädchenmuster lässt sich somit das Einzugsgebiet von Töpfereien abstecken (Abb. 123).

Ein Abdruckstempel (A7) mit senkrechten, schrägen und gekreuzten Gittern, Rosetten, schrägen Strichen und Winkeln mit vertikaler Achse ist sechsmal im Raum Mannheim nachgewiesen, weitere Erzeugnisse damit gelangten in den Heilbronner Raum.

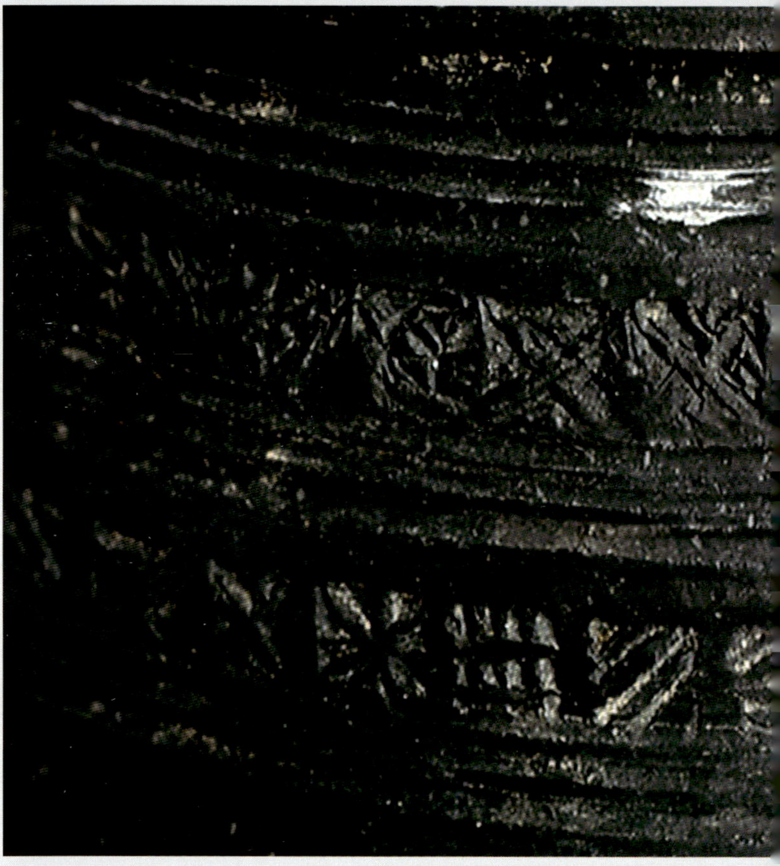

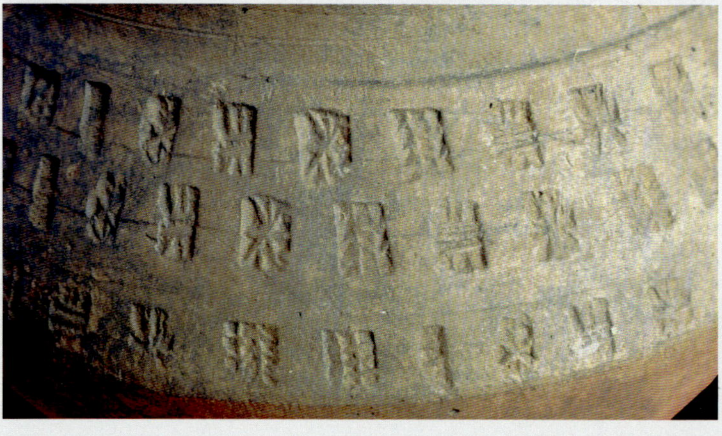

■ Abb. 121
Der Rollstempel (A8), der senkrechte und gekreuzte Gitter, Kreuze in Kreuzvertiefung, schräge Striche, Zickzack sowie einen Kreis und einen Punktkreis aufweist, ist auf einem Topf aus Sandhofen Grab 28 belegt.

■ Abb. 120
Der Eindruckrollstempel (A5) mit senkrechten, schrägen und gekreuzten Gittern, Querstrichgittern und kurzen horizontalen Strichen ist dreimal auf Töpfen aus Mannheim-Vogelstang zu beobachten; er kommt aber ebenso auf Gefäßen aus dem Hermsheimer Bösfeld und aus Weinheim vor.

■ Abb. 122
Besonders beliebt im Raum Mannheim war das sehr fein geschnittene Muster des Zierrollrädchens (C14) mit schrägem Gitter, Kreuzen, senkrechten Strichen, Winkel mit horizontaler Achse und Zickzack; es verlangte einen ausnehmend fein geschlämmten Ton.

Keramik mit dem Rollstempel (A8) wie in Sandhofen Grab 28 (Abb. 121) wurde in dem schon 1899 von Karl Pfaff ergrabenen Töpferofen von Heidelberg-Bergheim gebrannt. Ob in Bergheim die einzige Töpferei der Region stand oder ob es weitere gab, lässt sich weder aus den Gefäßformen und den Mustern noch aus deren Verbreitung erschließen

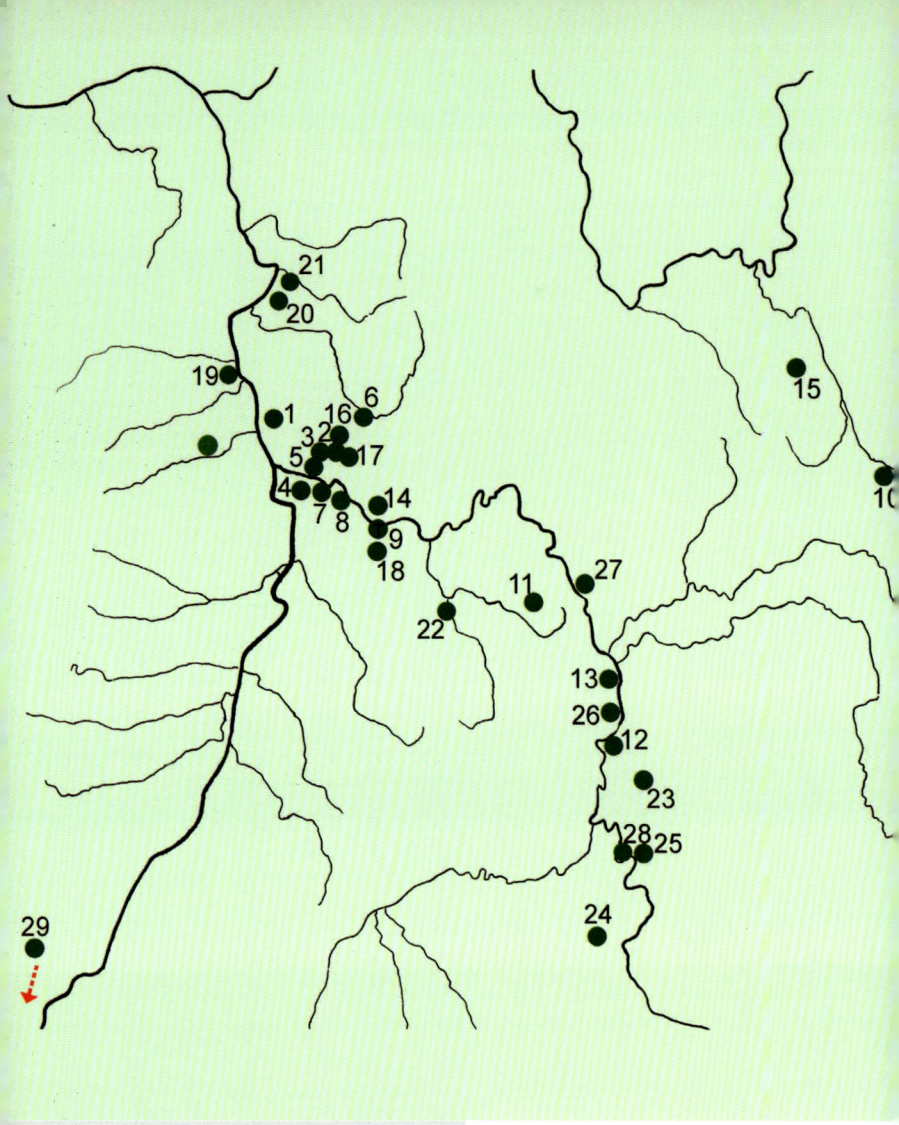

■ Abb. 123
Insgesamt verteilen sich Gefäße mit den im Raum Mannheim – Weinheim – Heidelberg nachgewiesenen Mustern von Zierrollrädchen den Rhein abwärts bis zur Wäschnitz und neckaraufwärts bis an die Murr. Eine ausführliche Legende zur Verbreitungskarte bei U. Koch 2007, 355 Abb. 51.

LITERATURHINWEISE

Ursula Koch, Keramik – eine gut datierbare Quelle für die Siedlungs- und Wirtschaftsgeschichte. In: H. Probst (Hrsg.), Mannheim vor der Stadtgründung I,2 (Regensburg 2007) 179–191

Ursula Koch, Fränkische Keramikproduktion am Oberrhein. In: H. Probst (Hrsg.), Mannheim vor der Stadtgründung I,2 (Regensburg 2007) 345–360

SIEDLUNG – ERNÄHRUNG

Abb. 124
Die Luftaufnahme zeigt – außer einigen Neubauten – die fünf Straßenheimer Höfe von Südwesten. Eine ähnliche Anzahl von Höfen mit jeweils mehreren Gebäuden ist für die merowingerzeitlichen Siedlungen anzunehmen. Im Gräberfeld von Vogelstang lassen sich – nach der Anordnung der Gräber zu urteilen – vier Gruppen unterscheiden, bei denen es sich um vier Familien mit ihrem Gesinde handeln dürfte, die auf vier Höfen lebten.
Bei dem neu erbauten Reiterhof südlich von Straßenheim wurde 2000 bis 2001 die ab der Mitte des 7. Jahrhunderts belegte Nekropole freigelegt. Einzelne Gräber kamen hier bereits 1968 zutage, darunter das ausgestellte Steinplattengrab.

DAS FRÄNKISCHE GEHÖFT

Im Barbarikum lebten germanische Familien in ländlichen bäuerlichen Siedlungen und errichteten ihre Gehöfte aus Holz. Diese Siedlungsform behielten sie bei, als sie sich ab dem 4. Jahrhundert in den ehemaligen römischen Provinzen niederließen.

Im 6. Jahrhundert erfolgte die Neubesiedlung am nördlichen Oberrhein unter fränkischer Herrschaft durch die Anlage zahlloser bäuerlicher Höfe ohne Anknüpfung an eine römische oder an eine alamannische Vorbesiedlung. Die hier archäologisch untersuchten Siedlungsreste reichen nicht aus, um ein befriedigendes Bild von Lage, Umfang und Struktur von Siedlungen zu zeichnen. Auskunft geben jedoch die Gräberfelder. Solange das Verhältnis der Geschlechter darin ausgewogen ist und die Alterspyramide sowie die soziale Vielschichtigkeit in immer gleichem Rahmen bleiben, ist davon auszugehen, dass eine Bestattungsgemeinschaft mit einer Siedelgemeinschaft identisch ist.

Siedlungsgründung und Beginn einer Gräberfeldbelegung fallen in die gleiche Zeit, wenn die erste Generation der führenden Gesellschaftsschicht ihre Wurzeln nicht in der Region hat.

Nach den in den Gräberfeldern erkennbaren Sozialstrukturen gruppierten sich unterschiedlich große Höfe um einen Herrenhof, wobei Siedlungsgrößen und Einwohnerzahlen erheblich schwankten. Das frühmittelalterliche Siedlungsbild war offen und unterschied sich aufgrund einer höheren Anzahl von Wohnplätzen von dem hochmittelalterlichen Siedlungsbild mit geschlossenen Dörfern.

Zusammenhänge zwischen spätmittelalterlichen Dörfern (Abb. 124) und den nicht mehr als 400 m entfernt liegenden frühmittelalterlichen Gräbern sind nicht zu übersehen. Demnach trugen die Gehöfte, aus denen einmal ein Dorf werden sollte, ab dem zweiten Viertel des 6. Jahrhunderts vielfach die Namen ihrer Gründer, Feudenheim, Geroldisheim, Heddesheim, Hermsheim, Mannheim oder Seckenheim. In das 6. Jahrhundert dürften ebenso Wallstadt und Plankstadt zurückreichen, Schwetzingen gar in das frühe 6. Jahrhundert. Im 7. Jahrhundert entstanden kleinere Siedlungen auf unwirtlicheren, u. a. sandigeren Flächen, wie in Hochstätt oder Sandhofen. Ein Adelshof in Straßenheim bestand nachweislich ab der Mitte des 7. Jahrhunderts. Schon im 8. Jahrhundert waren die zu den Gräberfeldern von Vogelstang Elkersberg und Straßenheim Aue gehörenden Siedlungen wieder verschwunden, ihre Namen sind nicht überliefert.

Zu einem frühmittelalterlichen Gehöft gehörten mehrere Gebäude, zunächst allesamt Pfostenbauten; im 8. Jahrhundert kommen – z. B. in Hermsheim – Ständerbauten mit Steinsockel auf. In den ebenerdigen langrechteckigen und einschiffigen Hallenhäusern befanden sich Wohnräume mit offener Feuerstelle sowie Stallungen für das große Vieh. Sie sind umgeben von den so genannten Grubenhütten.

■ Abb. 125
Die Grabungsbefunde in der Siedlung von Hermsheim liegen der Rekonstruktion eines Grubenhauses zugrunde. Auf der Grubensohle gab es zwar unzählige Stakenlöcher, aber keine Hinweise, dass sich dort ein Laufhorizont befand. Demnach war die Grube abgedeckt, der Arbeitsbereich zum Beispiel einer Weberin befand sich wohl auf den Holzbohlen zu ebener Erde. (Rekonstruktion von Jürgen Süß nach den Angaben von Klaus Wirth)

DAS GRUBENHAUS

Die kleineren in den Boden eingelassenen Bauwerke (Abb. 125), die Pfostensetzungen an den Ecken und für den First aufwiesen, dienten handwerklichen Tätigkeiten, der Vorratshaltung und der Haltung von Kleinvieh. Sie wurden bisher mit niedrigen Wänden und zeltähnlich rekonstruiert, doch genauere Beobachtungen durch eine Grabung entlang natürlicher Schichten – nicht nur in Mannheim, sondern auch in England – ergaben, dass Handwerker und Weberinnen nicht in der Grube selbst arbeiteten, sondern dass über dieser noch ein Dielenboden lag. Wir wissen nicht, was darunter auf dem feuchten Boden verwahrt wurde, doch viele Stakenlöcher legen nahe, dass dort unter anderem Körbe standen. Erst im 13. Jahrhundert ersetzten Keller die Grubenhäuser in den ländlichen Siedlungen.

■ Abb. 126
Große Keramikgefäße für die Vorratshaltung gab es sicher in jedem Haushalt. Erstaunlich ist, dass solche Gefäße in die Gräber gelangten. Und es wurden hierfür die schönsten Gefäße ausgesucht, wie der Topf mit zwei Henkeln und zwei Wellenbändern auf der hohen Schulter aus Vogelstang Grab 188 oder der Topf mit Ausguss und zwei Henkeln sowie einem Wellenband auf der hohen Schulter aus Vogelstang Grab 420. In Grab 188 lag ein Krieger aus dem zweiten Viertel des 7. Jahrhunderts, in Grab 420 eine für den Haushalt verantwortliche Frau aus der Mitte des 7. Jahrhunderts. Der kleine Wölbwandtopf, der mehrmals mit Brei oder Milch gefüllt neben der Feuerstelle gestanden hatte, bevor er in Vogelstang Grab 123 einem Kleinkind mitgegeben wurde, soll die besondere Größe dieser Vorratstöpfe verdeutlichen.

ERNÄHRUNG

Teller waren im frühen Mittelalter nicht gebräuchlich. Die üblichen breiartigen Speisen wurden in unterschiedlicher Konsistenz – von *muos* bis *pap* – aus Schalen und Näpfen (Abb. 126) gegessen, und zwar mit dem *muosfingar* (Zeigefinger).

Zu den Grundnahrungsmitteln zählten im Mittelalter Getreidebrei und Grütze sowie ausgebackenes, lange haltbares hartes Brot aus Sauerteig, das zum Essen in eine Flüssigkeit (Abb. 127 und 128) getaucht werden musste. Frische Kräuter werteten eine schlichte Mahlzeit aus Brot und Sauermilch sicher auf. Weizen mit den Sorten Emmer, Einkorn und vor allem Dinkel war das wichtigste Getreide. Das gegenüber dem Brot aus Roggen oder gar Gerste hoch geschätzte, teure weiße Weizenbrot stand jedoch nicht jedem zu. Das galt ebenso für lockeres Feingebäck,

■ Abb. 127
Dem Säugling in Vogelstang Grab 191 wurde ein Krug ins Grab gestellt. Die Schmauchspuren verraten, dass er zuvor zum Erwärmen eines Getränks am Rande des Herdfeuers gestanden hatte.

■ Abb. 128
Keramikflaschen wurden im 7. Jahrhundert bevorzugt kleinen Kindern ins Grab gestellt. Bei der 29,5 cm hohen Keramikflasche, die zu den vor 1943 in Straßenheim Aue geborgenen Funden gehört, ist allerdings nicht sicher, ob die Schmauchspuren durch häufiges Erhitzen eines Getränkes verursacht wurden, oder ob das Gefäß beim Schlossbrand 1944 gelitten hat.

■ Abb. 129
Unmittelbar neben dem rechten Fuß der jüngeren Frau in dem Doppelgrab 189 von Mannheim-Vogelstang stand der 22 cm hohe Bronzekessel vom Westlandtyp. Bronzekessel sind Kochgeschirre und kommen in der Merowingerzeit nur als Ergänzung zu einem weiteren Bronzegefäß in Grabinventaren von herausragender Qualität vor. Jedoch gab es aus der Mitte des 6. Jahrhunderts im Gräberfeld von Vogelstang keinen Reiter oder fränkischen Funktionsträger, der mit Bronzebecken und Kessel hätte ausgestattet werden können – er dürfte von einem Italienfeldzug unter Theudebert I. nicht wieder heimgekehrt sein. So erhielt die Frau in Grab 152B das Bronzebecken entsprechend ihrer Rolle als Gastgeberin auf einem größeren Hof, während der jüngeren Frau im Doppelgrab 189 ein großer Kochkessel mitgegeben wurde. Diese zweite Frau auf dem Hof müsste die Wirtschafterin gewesen sein. Wie bedeutend der Hof einst war, zeigt die in der sozialen Hierarchie an dritter Stelle stehende Frau, denn auch sie trug Silberschmuck (Abb. 10).

Kuchen und Krapfen, für die es in der althochdeutschen Sprache eine Fülle von Namen gab. Gerste wurde außer zum Brauen besonders für Grütze verwendet und Hirse sehr viel häufiger verarbeitet als Hafer und der nur zum Brotbacken geeignete Roggen.

Fleisch wurde reichlich verspeist, vorzugsweise in der Pfanne oder am Spieß geröstet, und ebenso reichlich wurde es den Verstorbenen mit ins Grab gegeben, wo sich aber nur die Fleischsorten nachweisen lassen, die nah am Knochen anhaftend mitgegeben wurden. In den bäuerlichen Familien herrschte demnach kein Mangel an Schweinefleisch. Nicht ganz so häufig stand Rindfleisch zur Verfügung. Allerdings gelangte mit Gulasch oder Suppenfleisch (Abb. 129) oder gar Filet kaum ein Knochen in das Grab. Schaf und Ziege, die sich osteologisch nicht trennen lassen, waren selten Fleischlieferanten. Schafe lieferten vor allem Wolle und Ziegen die Milch für die Käserei. Zum Hausgeflügel gehörten die damals noch sehr kleinen Hühner und Gänse. Die in den Gräbern gefundenen Eierschalen stammen oftmals von großen Gänseeiern.

Familien der sozialen Oberschicht leisteten sich bei Festlichkeiten wie der Beisetzung des Familienoberhauptes eine Speisenabfolge mit bis zu drei unterschiedlichen Fleischspeisen. Wild gehörte nicht dazu, doch gab es als viertes Gericht Fisch.

Bei den in Gärten angebauten Pflanzen überwogen die stärkereichen Wurzel- und Knollengemüse mit Möhre, Sellerie, Rettich und Rübe, gefolgt von Blattgemüse mit Kresse, Melde, Lattich, Mangold und Ampfer. Zwiebeln und Lauch kamen häufiger vor als Kohlgemüse. Kohl wurde in erster Linie zu Sauerkraut verarbeitet. Bekannt waren Spargel, Pastinake, Kürbis und Melone. Hülsenfrüchte, Erbsen, Linsen und Saubohnen spielten in der Ernährung nur eine untergeordnete Rolle. In der sozialen Oberschicht wurden sie als eines von mehreren Gerichten aufgetischt.

Eine bedeutende Rolle in der Ernährung spielten Früchte: Apfel, Birne, Quitte, Pflaume, Maulbeere, Süß- und Sauerkirschen sowie Pfirsich. Durch Dörren konserviertes Obst gehörte zusammen mit Haselnüssen, seltener Mandeln oder Walnüssen zu den Wintervorräten. Importfrüchte wie Datteln und getrocknete Feigen leistete sich nur die vermögende Oberschicht.

LITERATURHINWEISE

Mathilde Grünewald, Glühwein und Heißgetränke in der Merowingerzeit. In: Küche und Keller in Antike und Frühmittelalter. Studien zu Spätantike und Frühmittelalter Bd. 6 (Hamburg 2014) 327-339

Klaus Kerth, Arno Rettner, Eva Stauch, Die tierischen Speisebeigaben von zwei merowingerzeitlichen Gräberfeldern in Unterfranken. Archäologisches Korrespondenzblatt 24 (1994) 441–455

Irene Mittermeier, Die Deutung von Grabbeigaben des Mittelalters und der frühen Neuzeit – eine Interpretationshilfe für das frühe Mittelalter. In: Jörg Jarnut, Matthias Wemhoff (Hrsg.), Erinnerungskultur im Bestattungsritual. Archäologisch-Historisches Forum. MittelalterStudien 3 (2003) 219–236

Barbara Scholkmann, Das Mittelalter im Fokus der Archäologie. Archäologie in Deutschland Sonderheft 2009 Plus (Stuttgart 2009)

Rainer Schreg, Dorfgenese in Südwestdeutschland – Das Renninger Becken im Mittelalter. Materialhefte zur Archäologie 76 (Stuttgart 2006)

Eva Stauch, Ein Blick über den frühmittelalterlichen Tellerrand ... In: Reliquiae Gentium. Festschrift Horst Wolfgang Böhme zum 65. Geburtstag. Studia honoraria 23 (Rhaden/Westf. 2005) 375–401

WIRTSCHAFT UND HANDEL

STEUERN UND MÜNZPRÄGUNG

Die Merowinger gründeten das fränkische Reich in Gallien auf römischem Reichsboden. Die fränkische Führungsschicht war in das römische Verwaltungssystem integriert. Das römische Steuer- und Zollsystem wurde im 6. Jahrhundert fortgeführt. Die Hoheit ging vom Kaiser auf die merowingischen Könige über.

Steuerbezirk blieb die *civitas* mit ihrem umliegenden Territorium, dem *pagus*. Hohe Amtsträger, u. a. *comites*, waren verantwortlich für den Steuereinzug; die Einnahmen flossen in den königlichen Schatz. Im 7. Jahrhundert übernahmen privilegierte Kirchen mit den Steuereinkünften auch die Steuerverwaltung.

Besteuert wurden Grundbesitz, Bodenertrag und menschliche Arbeitskraft. Außer den direkten Steuern, die in Geld oder Naturalien gezahlt wurden, übernahmen die Merowinger das komplizierte System der Besteuerung von Dienstleistungen, wie von Fuhrdiensten und Herbergspflichten, von den Römern.

Im frühmittelalterlichen Gallien gab es im Gegensatz zu den östlichen Teilen des Frankenreiches Münzwirtschaft. Die nominelle und praktische Bezugsgröße blieb der unter Kaiser Konstantin eingeführte Gold-*Solidus* mit 4,5 g Gewicht. Doch war selbst der beliebte *Tremissis/Triens* (1,5 g) für den täglichen Gebrauch zu hochwertig (Abb. 131 und 132). Die für den Kleinhandel notwendigen Silbermünzen mit geringem Wert wurden nicht durchgängig geprägt. Weiterhin zirkulierten spätantike Kupfer- oder Bronzemünzen.

Münzen wurden – ob aus dem byzantinischen Reich, aus dem ostgotischen (Abb. 130) und später langobardischen Italien oder aus dem fränkischen Westen – allein nach ihrem Metallwert beurteilt. Deshalb war die Verwendung einer Feinwaage und eines Probiersteines zum Überprüfen des Goldgehaltes bei Geldgeschäften unumgänglich.

Zahlreich gelangten ostgotische Prägungen während des Gotenkrieges durch die ab 539 daran teilnehmenden fränkischen Krieger in den Norden. Hohe Geldzahlungen aus Byzanz erfolgten 535 zu Beginn des Gotenkrieges, 571 bei einem Friedensvertrag und 578 bei einem gegen die Langobarden gerichteten Abkommen.

Im 7. Jahrhundert blieben byzantinische Goldzahlungen aus. Daraufhin löste der fränkische Silberdenar – in Mannheimer Gräbern schon im frühen 7. Jahrhundert nachzuweisen – in der zweiten Hälfte des 7. Jahrhunderts den *Solidus* als Leitnominal ab.

GÜTERVERTEILUNG: HANDELSWARE ODER GESCHENKE

Auf welchen Wegen und durch welche Personen die Waren – ob aus dem Norden oder dem Orient – zu ihren letzten Besitzern gelangten, ist wenig erforscht. Für Rohmaterialien wie Almandine, Quecksilber, Natrium (Soda) oder Rohglas kamen sicher nur spezialisierte Anbieter und Abnehmer infrage. Ohne Händler ist die weite und gleichmäßige Streuung exotischer Objekte, wie z. B.

■ Abb. 130
Die in den Mannheimer Gräberfeldern gefundenen Silbermünzen aus dem 6. Jahrhundert stammen ausnahmslos aus Italien. Die meisten davon wurden von ostgotischen Königen geprägt. Eine Siliqua des Theoderich († 526) und zwei des Theodahad (534–536) trug die vornehme Frau aus Mannheim-Vogelstang Grab 152 als Anhänger. Eine Siliqua des Baduila/Totila wurde in Vogelstang Grab 155 gefunden. Die zahlreichen Silber- und Goldmünzen aus dem ostgotischen Italien zeigen eindeutig, dass die Krieger aus dem Rhein-Neckar-Gebiet an den 539 einsetzenden Italienfeldzügen Theudeberts I. (534–548) beteiligt waren.

■ Abb. 131

Bei der stempelfrischen Goldmünze aus Sandhofen Grab 239 handelt es sich um einen Tremissis, der um 600 von einem Münzmeister namens Monvaldus in Trier geprägt wurde. Auf der Vorderseite ist ein Herrscherkopf nach rechts mit Perldiadem und Perlgewand zu erkennen und in der Umschrift zu lesen MONVALDUVS MONETARIUS CONSTIT. Auf der Rückseite steht ein Balkenkreuz auf einer Kugel zwischen T R, die Umschrift nennt TREVERIS CIVITATE OBRIV. (Lesung und Bestimmung von Arent Pol, Leiden)

■ Abb. 132

Nach der Mitte des 7. Jahrhunderts wurde dem adligen Reiter aus Grab 30 vom Straßenheimer Hof eine kleine goldene Münze im Wert eines Drittel-Solidus mit ins Grab gegeben.
Der Tremissis mit der Umschrift AVENTECV oder AVENTECO wurde in Avenches im Kanton Waadt geprägt; das Prägedatum ist unbekannt (Bestimmung Arent Pol, Leiden). Aventicum war die bedeutendste römische Stadt in der Schweiz und liegt auf dem Transitweg ins Rhônetal. Allerdings sank die Bedeutung der Stadt, als Bischof Marius im 6. Jahrhundert den Bischofssitz nach Lausanne verlegte. Die mit drei Linien angedeuteten langen Haare bei dem Münzporträt sind seit dem späten 6. Jahrhundert bei langobardischen Herrscher- und Christusköpfen häufiger zu beobachten. Auch die Merowingerkönige Theuderich III. und Childebert III. wurden im späten 7. Jahrhundert auf ihren Siegeln mit drei seitlichen Haarsträhnen und Mittelscheitel abgebildet.
Mit einem ähnlich spitzen Bart wie der Herrscher auf der Münze aus Aventicum wurde der langobardische König Agilulf (591–615) auf einem Helmblech dargestellt. Auf Münzen begegnet diese Bartform seit Kaiser Phocas (602–610).

138

der Kaurischnecken, kaum möglich. Fernhändler zogen aber sicher nicht von Dorf zu Dorf, sondern erwarteten allenfalls in den städtischen Zentren oder an den Höfen der Mächtigen ein profitables Geschäft. Was aber nahmen sie mit zurück in den Süden?

Aus Gallien, wo Münzwirtschaft vorherrschte, sind periodische Märkte mit ihrem Angebot für die ländliche Bevölkerung überliefert. In den rechtsrheinischen Siedlungen mit ihrer Subsistenzwirtschaft wurden Leistungen und Erzeugnisse eher von unten nach oben durchgereicht und im Gegenzug Tauschobjekte und Produkte aus zentralen Werkstätten weitergegeben. Könige, Adelige, auch hohe Geistliche tauschten Geschenke untereinander. Schenkungen und Gaben als Gunsterweis innerhalb von Gefolgschaften stärkten Abhängigkeiten.

Die kostengünstigste Möglichkeit, Waren zu transportieren, war die Schifffahrt entlang der Küsten und auf den Flüssen. Auch der Einsatz von Wagen und Saumtieren ist überliefert.

Aus dem Norden, vermutlich über den Küstenhandel durch Ost- und Nordsee, erreichte Bernstein (Abb. 133 und 134) das Frankenreich. Im 6. Jahrhundert waren kleine ungeformte Perlen in großen Mengen verfügbar. Direkte Kontakte zu den Eliten des Baltikums sind nachweisbar. Vermutlich auf anderen Wegen kamen ab der Mitte des 7. Jahrhunderts die großen kantigen Bernsteine an den Oberrhein.

Byzantiner kannten die guten Pferde aus dem Norden. Pferdehandel ist nur nachweisbar, wenn fremdartiges Pferdegeschirr in den Gräbern auftaucht.

Vermutlich aus Skandinavien stammt die eiserne, mit Bronze überfangene Trense in Sandhofen Grab 8.

Einen ungewöhnlichen Schild besaß im späten 6. Jahrhundert ein Feudenheimer Krieger. Woher er ihn hatte, ist unbekannt. Sehr ähnlich sind ältere Schildbuckel aus dem Ostseeraum.

Archäologisch nicht nachweisbar sind die kostbaren Felle von Tieren aus dem Norden.

Zum großen Teil als Beutegut dürften Schmuckerzeugnisse (Abb. 136) aus Werkstätten in Italien im 6. Jahrhundert nach Norden gelangt sein, Handel ist aber nicht auszuschließen, das gleiche gilt für Waffen und Gürtelzubehör.

Indirekt erschlossene Rohstoffe aus Italien sind Zinnober (Quecksilber) zum Vergolden und Schwefel, der für Niello gebraucht wurde.

Bergkristall (Abb. 135) ist eines der am häufigsten vorkommenden Minerale, aber in Form von gefassten Kugeln und Perlen relativ selten. Daher ist eine Herkunft aus dem Mittelmeerraum wahrscheinlicher als eine nordalpine Verarbeitung.

Aus Ägypten wurde im 6. und 7. Jahrhundert Natrium exportiert; es ist in allen merowingischen Glaserzeugnissen enthalten.

Ausschließlich aus dem Roten Meer stammen die in fränkischen Gräbern gefundenen Kaurischnecken (cypraea pantherina). Ein weiterer Importartikel aus den Gebieten um das Rote Meer war Weihrauch.

Elfenbein (Abb. 137) aus Afrika gelangte über Äthiopien und das Rote Meer nach Europa. Elfenbein wurde z. B. in

Rom verarbeitet und kam dann, u. a. in Form von Ringen, über die Alpen.

Den Orienthandel betrieben Syrer, Ägypter und Griechen über die Häfen des Byzantinischen Reiches, in eigener Regie oder in staatlichem oder kirchlichem Auftrag. Wichtige Handelsgüter waren Textilien aus Seide und Baumwolle, Früchte, Wein und Öl.

Meerschaum, mineralogisch Sepiolith (Abb. 138), ist ein im östlichen Mittelmeergebiet weit verbreitetes Magnesiumsilikat; zur Weiterverarbeitung geeignet sind die Vorkommen aus Kleinasien. Blaues Glas (Abb. 139) enthält Kobalt, einen in Kleinasien gewonnenen Rohstoff. Rohglas war ein Fernhandelsprodukt.

Millefioriperlen (Abb. 140) unter-

■ Abb. 133
Ungeformt, klein und rundlich sind die Bernsteinperlen, wenn sie mit den gedrückt kugeligen opak rotbraunen Perlen aus dem 6. Jahrhundert kombiniert sind, wie in Mannheim-Vogelstang Grab 209.

■ Abb. 134
Auffallend zahlreich gelangten in der Mitte des 6. Jahrhunderts Münzen und Goldschmuck aus Italien in die Gräber am Oberrhein, dazu gehören die vier goldenen Filigrananhänger aus Sandhofen Grab 115.

■ Abb. 135
Nachdem viele Jahrzehnte kaum Bernsteinperlen in den Halsketten auftauchten, kommen sie ab der Mitte des 7. Jahrhunderts zahlreicher vor. Sie sind – wie z. B. die Perlen aus Grab 904 vom Hermsheimer Bösfeld – wiederum kaum geformt, nun aber größer und kantiger als die Perlen aus dem 6. Jahrhundert.

■ Abb. 136
Bergkristall wurde nicht nur rund geschliffen und von Silberbändern gefasst wie die außergewöhnlich große Kugel in Grab 348 vom Hermsheimer Bösfeld (Abb. 15). Ein durchbohrter scheibenförmiger Bergkristall von 2 cm Durchmesser und 1 cm Stärke lag in Grab 232 vom Hermsheimer Bösfeld. Der Kristall dürfte eine ähnliche Funktion wie die großen Wirtelperlen aus Glas, Bernstein oder Meerschaum gehabt haben.

■ Abb. 137
Wirtelperlen aus Elfenbein sind sehr selten; eine 2,5 cm große Perle wurde in Vogelstang Grab 130 gefunden. Ringe aus afrikanischem Elfenbein dienten den wohlhabenden Frauen im 7. Jahrhundert als Einfassung von bronzenen durchbrochenen Zierscheiben. Da die meisten Gräber des 7. Jahrhunderts geplündert waren, wurden Elfenbeinringe in der Regel zerbrochen oder unvollständig aufgefunden. Ein vollständiger Ring aus Elfenbein mit einem Durchmesser von etwa 13 bis 14 cm hat sich aus Grab 40 von Altlußheim erhalten; er war an drei Stellen gebrochen und durch Bronzebleche alt repariert worden.

■ Abb. 139
Eine gerippte Perle aus blauem Glas trug eine Frau im späten 7. oder frühen 8. Jahrhundert als einzigen Schmuck auf der Brust. Sie wurde auf dem Hermsheimer Bösfeld in einem gemauerten Grab beigesetzt. In der Annahme, dass die gerippten Perlen aus durchscheinend blauem Glas nicht nur in römischer Zeit produziert wurden, sondern im mediterranen Raum noch im 6. Jahrhundert, dürfte das hoch geschätzte Stück in Grab 174 doch mindestens 120 Jahre alt gewesen sein.

■ Abb. 138
Die Perle mit einem Durchmesser von 2,12 cm aus einst schneeweißem Meerschaum wurde in Altluß-
heim gefunden. Mit einer ebensolchen zylindrischen Perle aus weißem Meerschaum endete im zweiten
Viertel des 6. Jahrhunderts das Gehänge der jüngeren Frau aus dem Doppelgrab 189 von Mannheim-
Vogelstang.

■ Abb. 140
Die Millefioriperle aus Sandhofen Grab 133B mit einem Durchmesser von 1,4 cm, mit Randstreifen aus einem rot überzoge-
nen transluziden Glas und mit den von transluzid blauem beziehungsweise grün scheinendem Glas umgebenen, achtblättrigen
weißen oder gelben Blüten ist genau genommen Massenware.
Die Muster reichen durch bis ins Fadenloch, denn zwischen den
roten Randstreifen stecken Glasstücke, die von Millefioristä-
ben abgeschnitten wurden; sie zeigen deren Querschnittsmus-
ter. Millefioriperlen wurden im 6. Jahrhundert in großen Serien
produziert, wir wissen nur nicht, wo. Mitteleuropa erreichten sie
vor der Mitte des 6. Jahrhunderts, wohl nicht von ungefähr, als
Theudebert I. mit den Langobarden in Pannonien Verhandlun-
gen aufgenommen, bald darauf in den ostgotisch-byzantinischen
Krieg eingegriffen und damit Kontakte nach Osten und Süden
geknüpft hatte.

■ Abb. 141
Unter den zwölf in Sandhofen Grab 133B gefundenen Perlen befanden sich eine Millefioriperle und als Prunkstück eine
Reticellaperle von 2 cm Durchmesser. Als die Langobarden an
der mittleren Donau lebten und auch noch, als sie um 568 nach
Italien umsiedelten, verfügten einzelne Frauen über zahlreiche Millfioriperlen und jeweils eine größere Anzahl an Reticellaperlen. Im fränkischen Reich treten diese dagegen nur vereinzelt
auf. Deshalb ist wie bei den Millefioriperlen von einer Produktion
im Donauraum oder im Mittelmeergebiet auszugehen.

■ Abb. 142
Von einer mehrzonigen Almandinscheibenfibel blieben in Sandhofen Grab 115 nur die während der antiken Plünderung herausgefallenen vier Almandinplättchen zurück. Die Plättchen haben die von anderen Schmuckstücken bekannten Größen und Umrisse; offensichtlich waren sie als bereits fertig geschliffene Plättchen verhandelt worden. Von den fünfeckigen Plättchen mit den gebogenen Seiten muss es vier gegeben haben, die mit ihren rechtwinkligen Spitzen in der Mitte zusammenstießen; sie bildeten ein Kreuz und füllten zusammen mit vier – nicht gefundenen – spitzovalen Plättchen die mittlere Zone. Die drei trapezförmigen Plättchen lassen auf eine radiale Gliederung der äußeren Zone mit etwa 16 bis 17 Zellen schließen. Die Fibel hatte dann einen Durchmesser von etwa 2,8 cm.

■ Abb. 143
Die Amethystperlen aus den Mannheimer Gräberfeldern haben wie das Stück aus Grab 256 vom Hermsheimer Bösfeld die im frühen Mittelalter übliche Mandelform. Das Fadenloch ist von beiden Seiten gebohrt, dazu bedarf es eines Steinschleifers. Es ist davon auszugehen, dass nicht der Rohstoff, sondern die fertige Perle in den Handel gelangte.

scheiden sich durch Farbgebung – viel transluzid blau – und ihre Herstellung in Mosaiktechnik von den üblichen fränkischen Perlen. Millefioriperlen sind zwar in den Museen von Varna und Antalya zu finden, doch sichere Hinweise, ob qualifizierte Perlenwerkstätten im östlichen Mittelmeergebiet oder in Italien standen, fehlen. Woher jedoch die Reticellaperlen (Abb. 141) stammen, ist völlig unbekannt.

Aus Asien gelangten Edelsteine, Pfeffer und andere Gewürze durch das Rote Meer ins Byzantinische Reich. Als Hauptumschlagsplatz gilt Alexandria, wo Edelsteine verarbeitet wurden.

Almandin, der in dünne Plättchen spaltbare rote Granat ($Fe_3Al_2Si_3O_{12}$), wurde im 6. Jahrhundert ausschließlich aus Indien oder Sri Lanka bezogen (Abb. 142).

Amethystperlen (Abb. 143) kommen seit der Mitte des 6. Jahrhunderts vor. In der Form sind sie identisch mit denen im Byzantinischen Reich. Die damals ausgebeuteten Lagerstätten – Armenien oder Indien – sind nicht hinreichend lokalisiert.

■ Abb. 144
Gürtelschnallen mit Christuskopf auf dem runden Beschlag waren im Pariser Becken im letzten Drittel des 6. Jahrhunderts weit verbreitet. Die in Altlußheim gefundene Schnalle könnte zum Beutegut des Kriegszuges von 574 gehört haben.

WARENTRANSFER ODER KRIEGSBEUTE

Unter Chlodwig I. (482–511) wurde nach Beendigung eines Kriegszuges die Beute geteilt. Bereits unter seinen Söhnen war von gerechter Verteilung nicht mehr die Rede. Dafür versprach Theuderich I. (511–533) vor einem Zug in die Auvergne seinen Anhängern Gold, Silber, Vieh, Sklaven und Kleider als Beute.

574 konnte Sigibert I. (561–575) auf seinem Feldzug nach Paris »die Wildheit der Völker, die vom jenseitigen Ufer des Rheins gekommen« nicht bändigen; dies berichtet Gregor von Tours (Hist. IV 49). Funde in den Gräbern des Rhein-Neckar-Gebietes bezeugen, was »Die wilden Völker« von Rhein und Neckar erbeuteten: Fibelschmuck, Gürtelschnallen (Abb. 144, 145 und 146) und Glaserzeugnisse.

Auffallend konzentrieren sich Goldmünzen und Goldschmuck aus Italien im austrasischen Reichsteil. Krieger, die an Italienfeldzügen der austrasischen Könige teilnahmen, könnten sie mitgebracht

■ Abb. 145
Auch der Mann aus Grab 170 von Mannheim-Vogelstang hat die beiden ursprünglich sicher nicht zusammengehörigen Teile seines Gürtels, die bronzene Schnalle und den verzinnten Gegenbeschlag, vermutlich auf dem Kriegszug Sigiberts I. im Jahre 574 erbeutet. Die aus Gallien, dem heutigen Nordfrankreich, stammende Gürtelschnalle ziert auf Beschlag und Dornschild ein so genannter Salomonsknoten; der Gegenbeschlag zeigt eine Rosette.

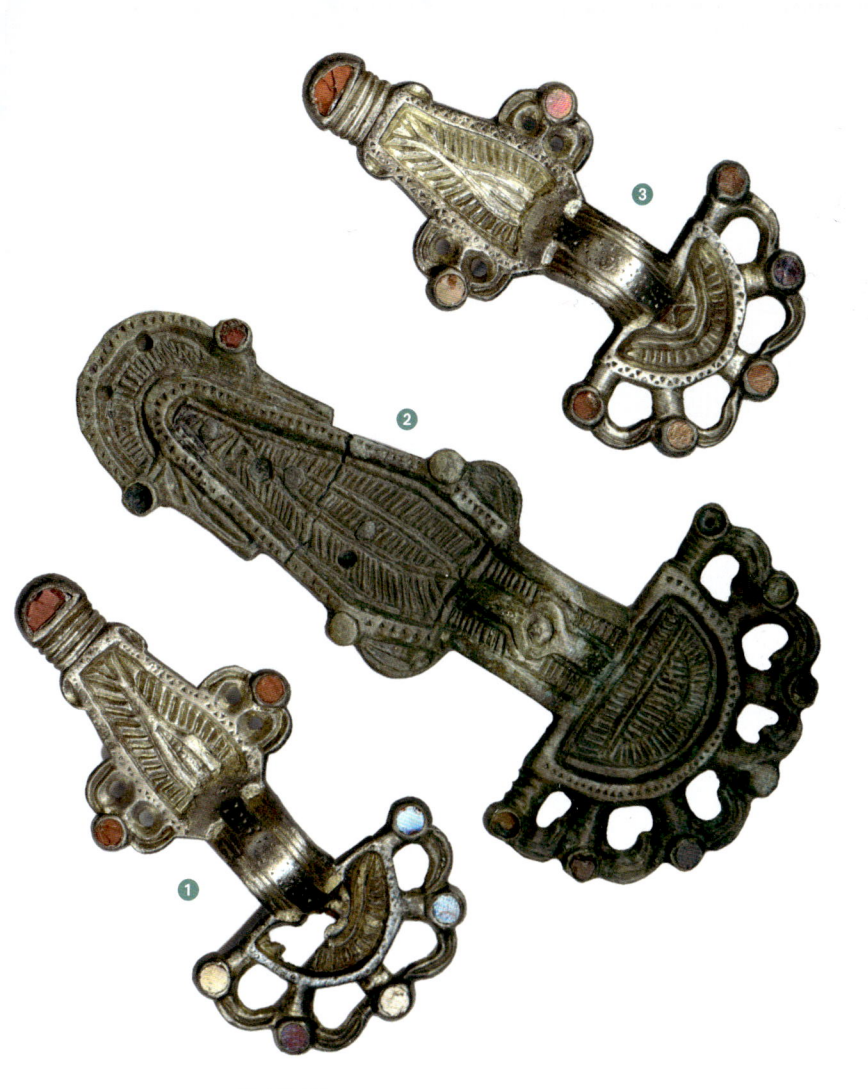

■ Abb. 146
Das 8 cm lange silberne Bügelfibelpaar vom Typ Bréban war in der Mitte des 6. Jahrhunderts von der Mosel bis zur Kanalküste modisch. In Hermsheim trug die junge Frau aus Grab 270 diese Fibeln (1; 3) jedoch im späten 6. Jahrhundert. Darum ist anzunehmen, dass sie erst auf dem Kriegszug 574 erbeutet wurden. Es waren nicht die einzigen geraubten Schmuckstücke.
Eine 10,5 cm große silberne Fibel aus Wieblingen im Kurpfälzischen Museum Heidelberg und die 11,5 cm lange bronzene Bügelfibel aus Grab 762 (2) sind Weiterentwicklungen des Typs Bréban. Da es sonst nur aus Marchélepot im Dép. Somme noch ein sehr ähnliches, ebenfalls 11,5 cm langes bronzenes Exemplar gibt, sei damit angedeutet, woher die in der Rhein-Neckar-Region fremden Fibeln kamen.

■ Abb. 147
Die kleine Scheibenfibel aus einem im März 1938 geborgenen Grabfund aus Plankstadt fällt nördlich der Alpen wegen ihrer gezackten Zellwände auf. Gezackte Zellwände sind von byzantinischem Goldschmuck des 5. Jahrhunderts sowie engzellig cloisonnierten Scheibenfibeln aus italischen Werkstätten des späten 6. Jahrhunderts gut bekannt.

haben. In ihren Besitz gelangten u. a. Waffen, Gürtel und Pferdegeschirr aus italischen Werkstätten.

Ob mediterrane Erzeugnisse (Abb. 147) als Beute oder diplomatische Geschenke, durch Tributzahlungen oder Handel über die Alpen gelangten, kann nicht pauschal beantwortet werden. In jedem Fall führten die Kriegszüge zu einer intensiven Nutzung der Alpenpässe und einer besseren Kenntnis der mediterranen Welt.

■ Abb. 148
In der zweiten Hälfte des 7. Jahrhunderts lebte in dem wohl erst eine Generation zuvor gegründeten Hochstätt, heute auf der Gemarkung Seckenheim, der dort in Grab 10 beigesetzte Mann. Nachweislich war er mit Spatha, Lanze und Schild bewaffnet, außer der Spatha könnte noch ein Breitsax geraubt sein. Ein besonderes Prestigeobjekt war sein Schild mit hoch gewölbtem Buckel und einem dreiflügeligen stempelverzierten Kuppenbeschlag aus Bronze. Acht stempelverzierte Bronzeniete mit Spuren von Vergoldung sitzen nach der 1967 erfolgten Restaurierung auf dem Buckelrand, der einen Durchmesser von 19,7 cm hat; vier davon saßen ursprünglich eher auf dem Schild. Die drei vergleichbaren Schilde sind von Osterburken bis Frankenthal verbreitet. Die Buckelform, die stempelverzierten Niete und die Kuppenzier sind langobardischen Ursprungs; nur gibt es in Italien noch keine direkte Parallele.

Archäologisch nachweisbar ist ein beachtlicher Warenaustausch im 7. Jahrhundert, als keine Kriegszüge nach Italien mehr durchgeführt wurden. Sobald das Interesse an Waren aus dem Süden geweckt war, dürfte es zu Nachahmungen gekommen sein, wie bei den Schilden mit sehr hoher Kalotte, bronzener Kuppenzier (Abb. 148) und punzverzierten goldplattierten Bronzeniete angenommen wird.

LITERATURHINWEISE

Jörg Drauschke, Zwischen Handel und Geschenk. Studien zur Distribution von Objekten aus dem Orient, aus Byzanz und aus Mitteleuropa im östlichen Merowingerreich. Freiburger Beiträge zur Archäologie und Geschichte des ersten Jahrtausends 14 (Rahden/Westf. 2011)

Egon Felder, Die Personennamen auf den merowingischen Münzen der Bibliothèque nationale de France. Bayer. Akad. Wiss, Phil.-Hist. Kl. Abhandl. NF 122 (München 2003)

Alexander Koch, Bügelfibeln der Merowingerzeit im westlichen Frankenreich. Monographien RGZM 41 (Mainz 1998)

Ursula Koch, Nordeuropäisches Fundmaterial in Gräbern Süddeutschlands. In: Völker an Nord- und Ostsee und die Franken (Bonn 1999) 175–194

Hans-Jörg Nüsse, Bernstein in Mitteleuropa. Apotropaion und Prestigeobjekt zwischen Latènezeit und frühem Mittelalter. Eurasia Antiqua 17 (2011), 233–250

■ Abb. 149
Wer auf dem Ortblech einer Saxscheide aus Grab 641 vom Hermsheimer Bösfeld in Mannheim-Seckenheim dargestellt wurde, wird sich kaum eindeutig klären lassen. Im germanischen Tierstil II rahmen zwei Tierschenkel mit vielzehigen Krallen einen menschlichen Kopf mit gegabeltem Bart.

SCHLUSSWORT

Die Toten und ihre letzten Ruhestätten, die Gräber, gehören zu den faszinierendsten archäologischen Quellen überhaupt. Aus der Merowingerzeit sind erheblich mehr Gräber überliefert als aus jeder anderen Periode zuvor. Die Gräber mit aussagekräftigen Beigaben sind archäologische Zeugnisse neuer politischer, sozialer und kultureller Strukturen und damit eine außerordentlich reiche Quelle zur Geschichte der Periode nach den Römern und vor den Karolingern.

Aus der Zeit, in der der Rhein-Neckar-Raum unter fränkische Herrschaft kam und die meisten noch heute bestehenden Ortschaften gegründet wurden, werden mehr als 1000 Objekte in der neuen Ausstellung gezeigt. Sie stammen sämtlich aus den Beständen der Reiss-Engelhorn-Museen.

Mit den archäologischen Quellen erhalten Menschen in ihrer Zeit und an ihrem Ort eine Identität. Sie sind die Akteure hinter den Strukturen, und die Objekte verraten ihre europaweiten Verbindungen. Es gilt, die Personen zu erkennen, die die örtliche Gesellschaft anführten, und ihre Position in raumumspannenden Netzwerken zu bestimmen. Im 6. Jahrhundert reichen wirtschaftliche Beziehungen und Heiratsverbindungen nicht aus, um die erkennbar hohe Mobilität von Personen zu erklären: Die Entwicklung im Rhein-Neckar-Raum wird ganz erheblich durch die Politik der ostfränkischen Könige bestimmt. Zahlreiche Kriegszüge verlangten die Integration Verbündeter in das fränkische Heer. Deren Familien wurden offensichtlich in eroberten Gebieten angesiedelt, im Laufe der ersten Hälfte des 6. Jahrhunderts also auch im Rhein-Neckar-Raum, der spätestens 506 zum fränkischen Reich gehörte.

BILDNACHWEIS

Carolin Breckle, rem: Umschlagabbildung, Frankenhaus
Tobias Brendle 2012: Abb. 8
Jean Christen, rem: Abb. 6; 14; 77; 101; 102; 103; 104; 105
I. Bell in: Die Franken 1996: Abb. 79; 81; 83; 85; 94
Dirk Fabian, ingraphis Kassel © Kunst- und Ausstellungshalle der Bundesrepublik Deutschland: Karte Umschlag innen
Grabungsdokumentation rem: Abb. 3; 20; 73; 74; 75; 76
Christian Meyer / Kurt. W. Alt: Abb. 68
Tobias Mittag: Umschlagabbildung, Graphik
Manfred Nawroth 2001, 76 Abb. 32: Abb. 22
Oxford, Institute of Archeology: Abb. 33
Peter Paulsen 1967: Abb. 21
Christopher Röber, rem: Umschlagabbildung (Tremissis)
Jürgen Süß / Klaus Wirth: Abb. 125
TPW ROWO, Neuss: Abb. 80
Trier, Stadtbibliothek, MS 31 fol. 10v: Abb. 1
Universum der Kunst 1968, Abb. 301: Abb. 37
Valenciennes, Bibliothèque MS 99: Abb. 29; 42
Klaus Wirth, rem: Abb. 124
Württembergische Landesbibliothek Cod. Bibl. Fol. 23: Abb. 32; 34; 47
Alle übrigen Fotos, Scans und Graphiken: Verfasserin